RISPARMIO FACILE

strategie e tecniche efficaci per gestire il tuo denaro con intelligenza

PREFAZIONE

Il risparmio è una delle competenze più importanti
che puoi acquisire nella vita. Tuttavia, non è sempre
facile sapere come risparmiare denaro in modo
efficace. Ci sono molte tentazioni che ci portano a
spendere più di quanto dovremmo, e spesso non
sappiamo da dove iniziare per tagliare le spese.

Questo libro è stato scritto per aiutarti a risparmiare in
modo intelligente. In queste pagine, troverai strategie
e consigli per risparmiare denaro su spese fisse,
adottare abitudini di risparmio quotidiane e utilizzare
strumenti di risparmio come conti di risparmio ad alto
rendimento e investimenti a basso costo. Imparerai a
riconoscere dove stai spendendo troppo e come
ridurre le tue spese, senza sacrificare la qualità della
tua vita.

Questa guida non si limita a offrirti semplici trucchi
per risparmiare denaro. Invece, ti aiuta a sviluppare
una mentalità orientata al risparmio. Imparerai a fare
scelte di acquisto intelligenti, a ridurre gli sprechi e a
investire in modo efficace per il tuo futuro. E,

soprattutto, imparerai ad apprezzare il valore del denaro e a prendere decisioni finanziarie responsabili.

Questa guida è stata scritta per aiutare persone come te a risparmiare denaro e a raggiungere i loro obiettivi finanziari. Che tu stia cercando di pagare il tuo debito, di risparmiare per un viaggio o di pianificare per la tua pensione, questo libro ti offre gli strumenti di cui hai bisogno per raggiungere i tuoi obiettivi.

Buona lettura e buon risparmio!

"Le informazioni fornite in questo libro sono fornite solo a scopo informativo e non costituiscono consigli finanziari, di investimento o legali. I lettori sono invitati a consultare un professionista finanziario o legale qualificato prima di prendere decisioni che possano influire sulle loro finanze o sulla loro situazione legale.

Inoltre, si ricorda ai lettori che la gestione delle finanze personali e degli investimenti comporta rischi e che i risultati possono variare in base alla situazione finanziaria e alle circostanze personali di ciascun individuo. Il lettore è invitato a condurre ricerche approfondite e ad esercitare la dovuta diligenza prima di prendere decisioni finanziarie o di investimento, al fine di minimizzare i rischi e massimizzare i risultati."

INTRODUZIONE

Quando si parla di risparmiare denaro, molte
persone pensano che sia un'attività noiosa e
sacrificante. Tuttavia, risparmiare denaro in modo
intelligente può essere un'esperienza molto
gratificante, che può aiutarti a raggiungere i tuoi
obiettivi finanziari, ridurre lo stress e migliorare la
qualità della tua vita.

Questo libro è stato creato per aiutare le persone a
capire come risparmiare in modo intelligente. Nel
corso di queste pagine, esploreremo le diverse
strategie per risparmiare denaro su spese fisse,
adottare abitudini di risparmio quotidiane e utilizzare
strumenti di risparmio come conti di risparmio ad alto
rendimento e investimenti a basso costo.

Esamineremo come risparmiare denaro su spese fisse.
Analizzeremo le spese fisse come l'affitto o il mutuo,
le bollette, i trasporti e la spesa alimentare. Imparerai
come valutare le tue spese fisse e come ridurre i costi
in modo significativo.

Ci concentreremo su abitudini di risparmio quotidiane. Imparerai come cercare le offerte migliori, fare shopping in modo più intelligente, ridurre gli sprechi e risparmiare denaro in casa.

Esploreremo strumenti di risparmio come i conti di risparmio ad alto rendimento, gli investimenti a basso costo e come evitare le trappole dei debiti. Imparerai anche come pianificare per il futuro in modo efficace.

Questo libro non si limita a fornire informazioni teoriche sul risparmio, ma fornisce anche suggerimenti e consigli pratici per aiutarti a mettere in pratica le strategie di risparmio.

Imparerai come mantenere la motivazione per risparmiare denaro e come gestire la frustrazione e il senso di privazione durante il processo di risparmio. Ti forniremo anche suggerimenti per rendere il risparmio un'abitudine duratura e come coinvolgere la tua famiglia nella tua strategia di risparmio.

sono convinta che il risparmio intelligente possa cambiare la vita delle persone. Risparmiare denaro ti dà la libertà di fare scelte importanti per te e per la tua famiglia, come l'acquisto di una casa, la scelta di un'attività o la possibilità di goderti una vacanza. Mi auguro che questo libro ti aiuti a capire come risparmiare in modo intelligente e a raggiungere i tuoi obiettivi finanziari.

CAPITOLO 1

Risparmiare denaro su spese fisse

Uno dei primi passi per risparmiare denaro in modo intelligente consiste nell'identificare le spese fisse nella tua vita. Le spese fisse sono quelle che hai ogni mese o ogni anno e che sono relativamente costanti, come il tuo affitto, la bolletta dell'energia elettrica e del gas, l'assicurazione dell'auto e così via. Queste spese rappresentano una parte significativa del tuo bilancio mensile, quindi ridurre anche solo alcune di queste spese può avere un impatto significativo sulle tue finanze personali.

Nella prima parte di questo libro, ti guiderò attraverso i passaggi necessari per analizzare le tue spese fisse e individuare i modi migliori per risparmiare denaro. Inizierò aiutandoti a capire come riconoscere le tue spese fisse e a comprendere quanto stai spendendo ogni mese per queste voci di spesa. Questa consapevolezza ti darà un quadro più chiaro di dove puoi iniziare a risparmiare denaro.

Una volta che avrai fatto un'analisi delle tue spese fisse, ti mostrerò alcune strategie per ridurre i costi su queste voci di spesa. Ad esempio, come risparmiare sulla bolletta dell'energia elettrica e del gas, come ridurre i costi dell'affitto o del mutuo e come scegliere il piano telefonico giusto. Questi suggerimenti ti aiuteranno a capire come ridurre i costi in queste aree senza compromettere la qualità della tua vita.

Ti insegnerò su come ridurre le spese di trasporto. Le spese di trasporto possono rappresentare una parte significativa delle tue spese fisse, soprattutto se hai un'auto e guidi spesso. Come risparmiare sulla benzina o sui mezzi pubblici, come tagliare i costi dell'assicurazione auto e come considerare alternative di trasporto come la bicicletta o il carpooling.

Infine, imparerari risparmiare sulla spesa alimentare. La spesa alimentare è un'altra voce di spesa significativa per molte famiglie e individui, ma ci sono molti modi per ridurre i costi senza sacrificare la qualità della tua alimentazione. Ti mostreremo come risparmiare sulla spesa del supermercato, come ridurre il costo dei pasti fuori casa e come gestire gli avanzi in modo efficace per ridurre lo spreco alimentare.

Analisi delle spese fisse

Le spese fisse sono uno degli elementi fondamentali del bilancio personale e aziendale. Queste spese rappresentano tutti quei costi che non variano in base alla quantità di prodotto o servizio consumato, ma rimangono costanti indipendentemente dall'uso che se ne fa.

Ad esempio, le spese fisse di una famiglia possono includere il pagamento del mutuo o dell'affitto, le bollette per l'energia elettrica, l'acqua, il gas, il telefono e la televisione. Per un'azienda, le spese fisse potrebbero includere l'affitto dell'edificio, i costi per l'energia elettrica, l'acqua e il gas, gli stipendi dei dipendenti e i costi assicurativi.

Le spese fisse sono importanti perché rappresentano un costo fisso che deve essere coperto ogni mese indipendentemente dal fatturato o dal reddito. Per questo motivo, è essenziale monitorare le spese fisse e cercare di ridurle quando possibile per migliorare la propria situazione finanziaria.

Per analizzare le spese fisse, è necessario identificare tutti i costi che rimangono costanti ogni mese e che non dipendono dall'uso che se ne fa. È possibile creare una lista di tutte le spese fisse e registrarle in un foglio di calcolo o in un'applicazione di gestione delle finanze personali.

Una volta che si ha una lista completa delle spese fisse, è possibile valutare il costo di ciascuna di esse e cercare di capire se esistono opportunità per ridurle. Ad esempio, è possibile cercare offerte alternative per i servizi telefonici, l'energia elettrica, l'acqua e il gas, o valutare la possibilità di rinegoziare il contratto di locazione per l'affitto di un'abitazione o di un ufficio.

Cercate di valutare la possibilità di eliminare alcune delle spese fisse che non sono strettamente necessarie. Ad esempio, se si possiede un'auto e si utilizza poco, è possibile valutare la possibilità di venderla e utilizzare i mezzi pubblici o una bicicletta per gli spostamenti quotidiani.

Potrete creare un budget mensile per tenere traccia delle entrate e delle uscite di denaro. Questo può aiutare a mantenere il controllo sulle spese e prevenire eventuali problemi finanziari.

Ti ricordo che le spese fisse rappresentano una parte fondamentale del bilancio personale e aziendale. Monitorare queste spese e cercare di ridurle quando possibile può aiutare a migliorare la propria situazione finanziaria e a prevenire eventuali problemi.

Potrete creare un foglio di calcolo per gestire il vostro flusso di cassa, oppure utilizzare delle applicazioni su smartphone.

La chiave per un risparmio preciso è registrare ogni spesa senza imbrogliare.

Come individuare le spese fisse nella tua vita?

Individuare con precisione le spese fisse nella propria vita, ovvero quei costi mensili che rimangono costanti o subiscono variazioni minime, come l'affitto o il mutuo, le bollette di luce, acqua e gas, le rate di prestiti o leasing, le assicurazioni e le tasse, è un passo importante per una corretta gestione delle proprie finanze e per la pianificazione di un budget efficace nel lungo termine. Identificando tali spese, è possibile avere una migliore comprensione della propria situazione finanziaria, prevedere con maggiore precisione le uscite mensili e programmare eventuali risparmi o investimenti con una maggiore consapevolezza.

È fondamentale tenere traccia delle proprie spese per avere un controllo efficace del proprio budget; esistono diverse opzioni a disposizione come app per smartphone, programmi per il computer o semplici fogli di calcolo, l'importante è annotare tutte le spese, anche le più piccole, regolarmente, in modo da avere una panoramica chiara delle spese mensili e di quelle costanti.

Una volta che si dispone di un'idea delle spese mensili, è possibile organizzarle in categorie specifiche per facilitare la loro gestione. Ad esempio, si possono creare categorie come "bollette" per includere l'energia elettrica, il gas, l'acqua e l'abbonamento alla TV via cavo o satellitare, oppure "tasse" per includere l'IMU, la TARI, la tassa sulla casa di vacanza e altre imposte. Questa suddivisione permette di avere una panoramica più chiara delle spese fisse e di gestirle in modo più efficace.

La strategia dei "tre mesi" è un metodo utile per gestire la suddivisione delle spese e individuare le spese fisse. Questo metodo consiste nel guardare le tue spese degli ultimi tre mesi e di calcolare la media di ciascuna categoria. In questo modo, è possibile identificare le spese che sono costanti o che variano solo di pochi euro da mese a mese e considerarle come spese fisse.

Identificare le spese fisse può aiutare a pianificare il budget in modo più accurato, in quanto si possono prevedere con maggiore precisione queste spese e includerle nella pianificazione finanziaria mensile. Ad esempio, se il canone dell'assicurazione auto è sempre lo stesso, allora questa spesa può essere considerata come una spesa fissa e includerla nel budget mensile.

Un altro metodo che potrete utilizzare è l'analisi delle variazioni che può essere utilizzata per individuare le spese fisse e variabili in un bilancio mensile o annuale. Questo metodo consiste nel confrontare le spese di un mese con quelle del mese precedente per individuare le variazioni. Le spese che variano di mese in mese sono considerate spese variabili, mentre le spese che rimangono costanti sono considerate spese fisse.

Per esempio, se il costo dell'energia elettrica aumenta di 20 euro rispetto al mese precedente, allora questo è un costo variabile perché dipende dal consumo di energia del mese in questione. D'altra parte, se la bolletta dell'acqua è sempre la stessa, allora questa è una spesa fissa perché non dipende dal consumo dell'acqua del mese in questione.

L'analisi delle variazioni è un metodo utile per individuare le spese fisse perché permette di identificare le spese che rimangono costanti indipendentemente dalle fluttuazioni del mercato o del consumo. Questo è particolarmente utile per le aziende che cercano di stabilire i loro budget e di pianificare le spese future.

Tuttavia, è importante notare che l'analisi delle variazioni non è sempre accurata al 100%. Ci possono essere spese che rimangono costanti per molti mesi consecutivi, ma che poi variano improvvisamente. Inoltre, alcune spese possono sembrare fisse, ma in realtà possono variare a lungo termine. Ad esempio, le spese per la manutenzione di un edificio possono sembrare fisse, ma nel tempo possono variare a seconda dell'usura dell'edificio e della necessità di riparazioni.

Ultima non per importanza è la la strategia delle spese ricorrenti, un metodo utile per gestire le proprie finanze e ottenere un maggior controllo sulle proprie spese. In sostanza, si tratta di identificare tutte le spese che si pagano regolarmente ogni mese e che quindi costituiscono una spesa fissa.

Questa strategia si basa sull'idea che le spese fisse siano quelle che si possono pianificare con maggiore precisione, poiché il loro importo è costante da mese a mese. Grazie a questa conoscenza, si può quindi pianificare il budget mensile in modo più accurato, sapendo esattamente quanto si dovrà spendere per le spese fisse.

Inoltre, identificando le spese fisse, si può anche valutare se ci sono delle opportunità per risparmiare. Ad esempio, si potrebbe cercare di trovare un'assicurazione con un costo inferiore, o di trovare un'offerta migliore per l'abbonamento alla palestra.

In generale, la strategia delle spese ricorrenti è un metodo molto efficace per gestire le proprie finanze e ottenere un maggiore controllo sulle proprie spese. Con questo metodo, si può ottenere una maggiore consapevolezza delle proprie finanze e imparare a pianificare il budget mensile in modo più efficace.

È importante ricordare che le spese fisse possono variare nel tempo. Ad esempio, il canone dell'assicurazione auto può aumentare dopo un incidente o il prezzo dell'affitto può aumentare quando scade il contratto iniziale. Pertanto, è necessario fare un controllo periodico delle spese fisse e adattare il budget di conseguenza.

Una volta che hai individuato le spese fisse, puoi utilizzarle per creare un budget mensile. In questo modo, puoi pianificare le spese variabili e assicurarti di avere abbastanza denaro per coprire le spese fisse. Ad esempio, se sai che l'affitto costa 500 euro al mese e che la bolletta dell'energia elettrica costa 100 euro al mese, puoi mettere da parte 600 euro ogni mese per coprire queste spese fisse.

Quando si pianifica il proprio budget, è fondamentale considerare anche le eventuali spese impreviste che potrebbero verificarsi. Ad esempio, se la propria auto si guasta o si verificano emergenze mediche, è importante avere un fondo di emergenza su cui poter contare per far fronte a tali spese inaspettate.

Per garantire di avere abbastanza risorse finanziarie a disposizione in caso di necessità, è consigliabile avere un fondo di emergenza abbastanza grande da coprire almeno tre mesi di spese fisse. Questo può includere spese come l'affitto, le bollette e il cibo, che devono essere coperte anche in situazioni di difficoltà economica.

Ricordati è importante accedere al proprio fondo di emergenza solo in caso di effettiva necessità e cercare di mantenere una disciplina finanziaria costante, evitando di utilizzarlo per spese non essenziali o superflue. In questo modo, si può garantire una maggiore stabilità economica a lungo termine e ridurre il rischio di situazioni finanziarie difficili in futuro.

Una volta che hai individuato le spese fisse e creato un budget, puoi iniziare a cercare modi per ridurre le spese. Ad esempio, potresti cercare di risparmiare sull'energia elettrica o sull'acqua, o cercare un'assicurazione auto più economica. In questo modo, puoi liberare denaro per le spese variabili o per metterlo da parte per il futuro.

Individuare le spese fisse nella propria vita può aiutare a pianificare un budget efficace e a capire meglio le proprie finanze. Ci sono diverse strategie per individuare le spese fisse, tra cui la tenuta di un registro delle spese, l'analisi delle variazioni e l'utilizzo della strategia delle spese ricorrenti. Una volta individuate le spese fisse, è possibile utilizzarle per creare un budget mensile e per pianificare le spese variabili.

Strumenti per tenere traccia delle tue spese fisse

Tenere traccia delle spese fisse è un'attività importante per mantenere un bilancio finanziario sano. Le spese fisse sono quelle che occorrono regolarmente, come l'affitto o il pagamento del mutuo, le bollette, le spese di trasporto e così via. Tenere traccia di queste spese può aiutare a monitorare la propria situazione finanziaria e a identificare eventuali aree in cui è possibile risparmiare.

Esistono diverse opzioni per tenere traccia delle spese fisse, a seconda delle preferenze personali e della disponibilità di tempo. In questa guida, esamineremo alcuni degli strumenti più comuni per tenere traccia delle spese fisse.

Fogli di calcolo

I fogli di calcolo, come Microsoft Excel o Google Fogli, sono un modo semplice ed efficace per tenere traccia delle spese fisse. È possibile creare un foglio di calcolo personalizzato che includa tutte le spese fisse, i costi mensili e gli importi effettivi pagati. I fogli di calcolo offrono anche la possibilità di creare grafici e tabelle per visualizzare i dati in modo più chiaro.

App di bilancio

Esistono numerose app di bilancio che possono aiutare a tenere traccia delle spese fisse. Queste app consentono di registrare le spese in modo rapido ed efficiente, di suddividerle in categorie e di monitorare il proprio bilancio in tempo reale. Alcune app di bilancio includono anche funzionalità di notifica per ricordare quando è il momento di pagare le bollette.

Servizi di gestione delle finanze personali

Esistono anche servizi di gestione delle finanze personali come Mint o Personal Capital che consentono di tenere traccia delle spese fisse e di monitorare il proprio bilancio in modo automatizzato. Questi servizi di solito richiedono di collegare i propri conti bancari e di credito, e quindi organizzano automaticamente le transazioni in categorie. Inoltre, possono offrire consigli su come risparmiare denaro e investire in modo intelligente.

Conto corrente online

Alcune banche offrono anche la possibilità di tenere traccia delle spese fisse tramite il proprio conto corrente online. Questi servizi permettono di visualizzare tutte le transazioni effettuate con il conto corrente, inclusi i pagamenti delle bollette e altre spese fisse. Inoltre, alcune banche offrono funzionalità di notifica per ricordare quando è il momento di pagare le bollette.

Metodo tradizionale

Infine, è sempre possibile utilizzare il metodo tradizionale di tenere traccia delle spese fisse. Questo metodo richiede di tenere un registro delle spese manualmente, ad esempio su un quaderno o su un foglio di carta. Anche se può richiedere più tempo e sforzo rispetto ad altre opzioni, questo metodo può aiutare a mantenere un'attenzione maggiore sulle proprie spese e a ridurre il rischio di dimenticare di pagare una bolletta.

Tenere traccia delle spese fisse è un'attività importante per mantenere una situazione finanziaria sana e raggiungere i propri obiettivi finanziari. Esistono molte opzioni per tenere traccia delle spese fisse, a seconda delle preferenze personali e delle esigenze individuali. Alcuni strumenti possono richiedere un investimento iniziale di tempo e di risorse, ma possono offrire anche una maggiore automazione e funzionalità avanzate.

Indipendentemente dallo strumento utilizzato, è importante tenere presente che la tenuta di un registro accurato delle spese fisse richiede costanza e disciplina. Ad esempio, le bollette devono essere pagate in tempo, e le transazioni devono essere registrate immediatamente, per evitare errori e inesattezze.

Inoltre, è importante effettuare regolarmente una revisione del proprio bilancio finanziario, per identificare eventuali aree in cui è possibile risparmiare e per valutare il proprio progresso verso gli obiettivi finanziari. Questa revisione può essere effettuata mensilmente o trimestralmente, a seconda delle esigenze individuali.

La tenuta di un registro accurato delle spese fisse può aiutare a mantenere un bilancio finanziario sano e raggiungere gli obiettivi finanziari a lungo termine.

Esistono molte opzioni per tenere traccia delle spese fisse, e l'importante è scegliere uno strumento che si adatti alle proprie esigenze e che sia facile da utilizzare. Con costanza e disciplina, sarà possibile mantenere un controllo completo sulle proprie finanze e ottenere la pace mentale e finanziaria che si desidera.

Analisi delle tue spese fisse: dove puoi risparmiare di più

Analizzare le proprie spese fisse è un passo fondamentale per ottenere una maggiore consapevolezza sulla propria situazione finanziaria e individuare eventuali margini di risparmio. Le spese fisse sono quelle che si ripetono periodicamente, come ad esempio il canone dell'affitto, le bollette, i costi del trasporto, l'abbonamento alla palestra, ecc.

In questo testo, analizzerò alcune delle spese fisse più comuni e offrirò suggerimenti su come è possibile ridurre i costi.

Affitto

L'affitto è spesso la spesa più grande che dobbiamo affrontare ogni mese. Una delle opzioni per risparmiare su questa voce di spesa è quella di cercare un appartamento più piccolo o di trasferirsi in una zona meno costosa. Altri modi per risparmiare sull'affitto includono la condivisione dell'appartamento con un coinquilino o la ricerca di un appartamento con servizi inclusi (come l'acqua, il gas e l'elettricità) nel canone mensile.

Bollette

Le bollette (acqua, gas, elettricità, internet, ecc.) possono rappresentare una parte significativa delle spese fisse mensili. Per risparmiare su queste spese, è possibile adottare alcune strategie. Ad esempio, è possibile installare lampadine a basso consumo energetico e programmare il termostato del riscaldamento in modo da non sprecare energia. Inoltre, è possibile passare a fornitori di energia più convenienti o negoziare con i fornitori esistenti per ottenere tariffe più basse.

Trasporti

I costi dei trasporti rappresentano spesso una voce di spesa significativa per molte persone. Per risparmiare su queste spese, è possibile utilizzare mezzi di trasporto alternativi come la bicicletta o i mezzi pubblici. Inoltre, è possibile cercare di condividere l'auto con altri colleghi o amici che lavorano nella stessa zona. Se si possiede un'auto, è possibile ridurre i costi di manutenzione facendo regolarmente la manutenzione preventiva e riducendo l'uso di aria condizionata e riscaldamento.

Abbonamenti

Abbonamenti come l'abbonamento alla palestra, al cinema o alla TV via cavo possono rappresentare una voce significativa di spesa. Per risparmiare su queste spese, è possibile valutare se tali abbonamenti siano effettivamente necessari e se si potrebbe fare a meno di alcuni di essi. Inoltre, è possibile cercare offerte e promozioni per i nuovi clienti o negoziare con il fornitore per ottenere tariffe più basse.

Cibo

Il cibo rappresenta una delle voci di spesa più importanti, ma anche una delle più facilmente controllabili. Per risparmiare su questa voce di spesa, è possibile adottare alcune strategie come preparare i pasti a casa anziché mangiare fuori, pianificare i pasti in anticipo per evitare gli sprechi, comprare cibo in quantità e con le offerte, e cercare di evitare gli acquisti impulsivi. Inoltre, è possibile cercare negozi che offrano prodotti scontati o acquistare generi alimentari a basso costo, come frutta e verdura di stagione o marche generiche.

Assicurazioni

Le assicurazioni, come quelle sulla casa, sull'auto e sulla salute, possono rappresentare una voce di spesa significativa. Per risparmiare su queste spese, è possibile cercare tariffe più basse da altri fornitori o negoziare con il fornitore esistente per ottenere un costo più basso. Inoltre, è possibile valutare l'opzione di aumentare la franchigia (ovvero la quota che si deve pagare personalmente in caso di sinistro) per ridurre il costo delle assicurazioni.

Telefonia

I costi della telefonia, come quelli del telefono cellulare e dell'abbonamento internet, possono rappresentare una voce di spesa significativa. Per risparmiare su queste spese, è possibile cercare offerte e promozioni per i nuovi clienti, negoziare con il fornitore per ottenere tariffe più basse, o passare a fornitori più convenienti. Inoltre, è possibile limitare l'uso dei dati mobili e utilizzare il Wi-Fi in modo da non superare i limiti di traffico dati.

Abbigliamento

L'abbigliamento rappresenta una voce di spesa variabile, ma può essere controllata attraverso alcune strategie. Ad esempio, è possibile acquistare abbigliamento durante i saldi o in negozi a basso costo, o cercare vestiti di seconda mano. Inoltre, è possibile limitare gli acquisti impulsivi e cercare di acquistare capi di abbigliamento di qualità, in modo da poterli utilizzare per un lungo periodo di tempo.

Intrattenimento

L'intrattenimento, come ad esempio i concerti, i film e gli eventi sportivi, può rappresentare una voce di spesa significativa. Per risparmiare su questa voce di spesa, è possibile cercare offerte e promozioni per i nuovi clienti, acquistare i biglietti in anticipo, o cercare eventi gratuiti o a basso costo. Inoltre, è possibile cercare alternative gratuite o a basso costo, come le passeggiate all'aria aperta o le serate a casa con gli amici.

Servizi finanziari

I servizi finanziari, come ad esempio il costo di gestione del conto corrente, possono rappresentare una voce di spesa che spesso viene trascurata. Per risparmiare su questa voce di spesa, è possibile cercare fornitori di servizi finanziari che offrano tariffe più convenienti o che non applichino tasse per la gestione del conto. Inoltre, è possibile utilizzare strumenti digitali per gestire le proprie finanze, come le app per il controllo delle spese.

In sintesi, per ridurre le spese fisse è importante adottare alcune strategie come cercare offerte e promozioni, negoziare con i fornitori esistenti, limitare gli acquisti impulsivi e valutare se determinate spese sono effettivamente necessarie. Inoltre, è importante mantenere una buona pianificazione finanziaria e un controllo costante delle spese.

Un'altra strategia per risparmiare sulle spese fisse consiste nell'utilizzare programmi di cashback e di loyalty. Questi programmi offrono la possibilità di guadagnare punti o denaro in base alle spese effettuate presso determinati negozi o fornitori di servizi. In questo modo è possibile ottenere sconti o crediti da utilizzare per future spese.

Un altro modo per risparmiare sulle spese fisse è quello di adottare uno stile di vita minimalista. Ridurre le spese superflue e vivere con meno può non solo ridurre le spese fisse, ma anche migliorare la qualità della vita.

In generale, l'analisi delle proprie spese fisse è un processo continuo e in evoluzione. È importante monitorare le spese regolarmente e fare aggiustamenti in base alle proprie esigenze e alla propria situazione finanziaria. Ad esempio, se si è in grado di risparmiare su una determinata voce di spesa, è possibile utilizzare quei risparmi per pagare debiti, investire o aumentare i risparmi a lungo termine.

In conclusione, ci sono molte strategie e approcci diversi per ridurre le spese fisse e risparmiare denaro. L'importante è iniziare a esaminare le proprie spese e trovare modi per tagliare i costi in modo che si possa raggiungere i propri obiettivi finanziari. Con un po' di impegno e pianificazione, è possibile risparmiare una notevole quantità di denaro e migliorare la propria situazione finanziaria a lungo termine.

Strategie per risparmiare su bollette e affitti

In un'economia in cui i prezzi delle bollette e degli affitti continuano a salire, trovare modi per risparmiare su queste spese diventa sempre più importante. La buona notizia è che esistono molte strategie per risparmiare sui costi delle bollette e degli affitti, che possono aiutare a mantenere i conti sotto controllo e ad avere un po' più di denaro a disposizione per le altre spese. Nel presente capitolo esploreremo alcune di queste strategie, fornendo consigli pratici su come ridurre i costi delle bollette e degli affitti senza dover sacrificare la qualità della vita. Dalle piccole azioni quotidiane alle scelte più grandi e strutturali, ci sono molte opzioni per risparmiare e migliorare la propria situazione finanziaria.

Risparmiare sulla bolletta della luce e del gas è un obiettivo a cui tutti possono aspirare, soprattutto in un periodo in cui i costi delle bollette sembrano crescere costantemente. Fortunatamente, ci sono molte cose che si possono fare per ridurre il consumo di energia e risparmiare denaro.

Iniziamo dalla luce. Una delle cose più importanti da fare è sostituire le vecchie lampadine con quelle a LED, che durano molto di più e consumano meno energia. Sebbene il costo iniziale possa essere più alto rispetto alle lampadine tradizionali, gli enormi risparmi che si otterranno sulla bolletta a lungo termine ne faranno un investimento conveniente. Inoltre, se si dispone di molte lampade, è consigliabile installare degli interruttori automatici o dei sensori di movimento che accendono la luce solo quando necessario, evitando di consumare energia inutilmente.

Un altro modo per risparmiare sulla bolletta della luce è ridurre il consumo di energia degli elettrodomestici. Gli elettrodomestici come il frigorifero, la lavatrice, la lavastoviglie e l'asciugatrice sono responsabili di una parte significativa della bolletta dell'elettricità, quindi è importante scegliere quelli ad alta efficienza energetica, che consumano meno energia rispetto ai modelli meno efficienti. Inoltre, è possibile ridurre il consumo di energia dell'elettrodomestico scegliendo cicli di lavaggio a basse temperature e asciugando i vestiti all'aria aperta invece che utilizzare l'asciugatrice.

Per quanto riguarda il gas, la cosa più importante è assicurarsi che la casa sia adeguatamente isolata, in modo che non ci sia dispersione di calore. Ciò significa controllare le finestre e le porte per verificare se ci sono fessure o crepe attraverso cui il calore possa fuoriuscire. Un altro modo per migliorare l'isolamento è isolare i tubi del riscaldamento e dell'acqua calda, riducendo la perdita di calore in transito.

Un altro modo per ridurre il consumo di gas è utilizzare il termostato in modo efficiente. In inverno, è consigliabile impostare la temperatura della casa a 19-20°C durante il giorno e abbassarla a 16-17°C durante la notte o quando si esce di casa. In estate, invece, è possibile evitare di accendere l'aria condizionata inutilmente, aprendo le finestre durante la notte per far entrare l'aria fresca e chiudendole durante il giorno per mantenere la casa fresca.

Ci sono alcuni comportamenti quotidiani che si possono adottare per risparmiare sulla bolletta del gas. Ad esempio, fare la doccia invece del bagno, chiudere il rubinetto quando non si utilizza l'acqua, utilizzare pentole con il fondo piatto per migliorare l'efficienza della cucina a gas e sbrinare regolarmente il congelatore per evitare sprechi di energia.

Sono molte le cose che si possono fare per ridurre il consumo di energia e risparmiare sulla bolletta della luce e del gas. Ad esempio, potrebbe essere utile installare dei pannelli solari sul tetto della casa per produrre energia pulita e ridurre la dipendenza dalla rete elettrica. Tuttavia, si tratta di un investimento importante che richiede un certo impegno finanziario e tecnico.

importantissimo scegliere gli elettrodomestici in base alla propria effettiva necessità. Ad esempio, se si vive da soli o in coppia, potrebbe non essere necessario avere un frigorifero grande e potente, in grado di consumare molta energia. In questo caso, è meglio optare per un frigorifero di dimensioni più contenute, in grado di soddisfare le esigenze specifiche.

Monitorare regolarmente il proprio consumo di energia, tenendo traccia delle letture dei contatori elettrici e del gas, aiuta a individuare eventuali problemi o sprechi e a correggere le abitudini sbagliate. Inoltre, molte compagnie energetiche offrono programmi di incentivazione per i consumatori che riducono il consumo di energia, come sconti sulla bolletta o incentivi per l'acquisto di elettrodomestici ad alta efficienza energetica.

Risparmiare sulla bolletta della luce e del gas è possibile solo adottando alcune semplici pratiche e comportamenti quotidiani. Scegliere gli elettrodomestici e le lampadine a LED, monitorare il proprio consumo di energia, isolare la casa adeguatamente e utilizzare il termostato in modo efficiente sono solo alcuni dei modi per ridurre la bolletta dell'energia e proteggere l'ambiente.

Ridurre i costi dell'affitto o del mutuo è una delle preoccupazioni principali per molte persone, in quanto rappresenta una spesa significativa del bilancio familiare. Tuttavia, ci sono diverse strategie che si possono adottare per risparmiare denaro e ottenere il miglior prezzo possibile.

Una delle opzioni più efficaci per ridurre i costi dell'affitto o del mutuo è quella di cercare una casa in una zona meno costosa. Ci sono alcune aree dove i prezzi degli immobili sono più alti di altre, quindi scegliere una zona meno costosa può fare la differenza sul bilancio mensile. Ad esempio, se si è disposti a vivere fuori città, si possono trovare prezzi più convenienti, ma anche se si vuole vivere in una grande città, cercare zone meno esclusive e centrali può ridurre notevolmente i costi.

Un'altra opzione per ridurre i costi dell'affitto o del mutuo è quella di cercare un coinquilino. Condividere una casa con un'altra persona può ridurre notevolmente i costi mensili, oltre a fornire compagnia e un aiuto nell'affrontare le spese di casa. Tuttavia, è importante assicurarsi di trovare un coinquilino affidabile e compatibile per evitare problemi o tensioni.

Se si possiede già una casa, è possibile considerare l'idea di affittare una stanza o una parte della casa per guadagnare qualche soldo extra e ridurre i costi. Ci sono molte piattaforme online dove è possibile pubblicizzare la propria stanza o casa disponibile per affitto, come ad esempio Airbnb o Booking.com.

Se stai cercando di acquistare una casa, ci sono alcune strategie che si possono adottare per ottenere il miglior prezzo possibile. Una di queste strategie è quella di cercare una casa durante i periodi di bassa stagione immobiliare, quando ci sono meno compratori sul mercato e i prezzi tendono a diminuire. Inoltre, è possibile cercare case che sono state in vendita da un po' di tempo e che i proprietari potrebbero essere disposti a vendere a un prezzo più basso per evitare di tenere la casa vuota per troppo tempo.

Un'altra opzione è quella di cercare case in fase di sviluppo. Queste case sono spesso vendute a prezzi più bassi rispetto alle case già costruite, e offrono anche l'opportunità di scegliere le finiture e le caratteristiche della casa stessa.

E' importante assicurarsi di avere un buon credito, in quanto questo può influire sulla percentuale di interesse del mutuo. Mantenere un buon credito può essere fatto pagando le bollette in tempo, evitando di fare troppi prestiti e tenendo il saldo delle carte di credito basso. In questo modo, si può ottenere un tasso di interesse più basso, risparmiando denaro a lungo termine.

Considerate l'idea di fare un accordo con il proprietario o il venditore per pagare il mutuo o l'affitto in anticipo. Questo può portare a sconti sui costi totali e può essere un modo efficace per risparmiare denaro a lungo termine. Inoltre, si possono negoziare le condizioni del contratto, come ad esempio la durata del contratto o la possibilità di includere alcune spese nel costo totale, come le utenze o l'assistenza tecnica.

Un'altra strategia per risparmiare denaro sull'affitto o il mutuo è quella di ridurre le spese di manutenzione e ristrutturazione. Ci sono molte cose che si possono fare per mantenere la casa in buone condizioni e prevenire problemi costosi. Ad esempio, si può effettuare la pulizia regolare della casa, sostituire le parti rotte o usurate, e fare manutenzione preventiva ai sistemi di riscaldamento, aria condizionata e idraulici.

Migliorate l'efficienza energetica della casa,sostituendo le vecchie lampadine con lampadine a LED, installando finestre a doppio vetro, isolando la casa adeguatamente e utilizzando apparecchiature elettroniche a basso consumo energetico.

Potrete adottare alcune abitudini per risparmiare denaro sulla bolletta dell'acqua, come ridurre i tempi della doccia, riparare immediatamente le perdite d'acqua, utilizzare gli elettrodomestici solo quando necessario e installare riduttori di flusso o docce a risparmio idrico.

Ci sono molte strategie che si possono adottare per ridurre i costi dell'affitto o del mutuo. Tra queste ci sono scegliere una zona meno costosa, cercare un coinquilino, affittare una stanza o una parte della casa, cercare case in fase di sviluppo, mantenere un buon credito, negoziare le condizioni del contratto, ridurre le spese di manutenzione e ristrutturazione, migliorare l'efficienza energetica della casa e adottare abitudini per risparmiare denaro sulla bolletta dell'acqua. Implementando queste strategie, si può ridurre significativamente il costo dell'affitto o del mutuo, senza compromettere la qualità della vita.

Scegliere il piano telefonico giusto può sembrare un compito semplice, ma in realtà è un processo che richiede molta attenzione e considerazione delle proprie esigenze personali. Ci sono molte cose da tenere in considerazione per fare la scelta giusta, quindi è importante valutare attentamente tutti i fattori per evitare di fare una scelta sbagliata e costosa.

In primo luogo, è importante considerare la propria situazione personale. Ad esempio, quante chiamate si effettuano, a chi e con quale frequenza. In base a queste informazioni, si può capire se si ha bisogno di un piano con molti minuti di chiamata o se è sufficiente una tariffa più economica. Inoltre, è importante considerare anche l'utilizzo di internet sul proprio telefono. Se si utilizza spesso internet, è necessario scegliere un piano con un buon quantitativo di dati. Ci sono molte offerte di operatori telefonici che prevedono piani con un quantitativo elevato di dati a prezzi convenienti, quindi vale la pena informarsi al riguardo.

Un altro fattore da considerare è la copertura dell'operatore telefonico. Infatti, anche se si ha scelto un piano che sembra perfetto, se l'operatore non ha una buona copertura nella propria zona, si rischia di avere problemi di connessione e di non poter utilizzare il proprio telefono come si vorrebbe. Per questo motivo, è sempre meglio informarsi sulla copertura dell'operatore scelto prima di effettuare la sottoscrizione di un contratto.

Inoltre, è importante considerare anche il costo del piano telefonico. Spesso, infatti, gli operatori telefonici propongono offerte molto convenienti, ma è necessario prestare attenzione ai dettagli. Ad esempio, alcuni piani prevedono costi aggiuntivi per le chiamate internazionali o per l'utilizzo di internet all'estero, quindi è importante capire se questi costi aggiuntivi si adattano alle proprie esigenze. Inoltre, è importante verificare se ci sono costi nascosti come ad esempio tasse governative, costi per l'attivazione del servizio e costi per la disattivazione.

Un altro fattore da considerare è la durata del contratto. Molti piani telefonici prevedono una durata minima del contratto, che può variare da 12 a 24 mesi. In base alla propria situazione, può essere conveniente scegliere un contratto a lunga durata o, al contrario, un contratto a breve termine che permetta una maggiore flessibilità. In ogni caso, è importante verificare se esistono costi di disattivazione in caso di interruzione del contratto anticipata.

Infine, è importante considerare anche il servizio clienti dell'operatore telefonico. Infatti, se si riscontrano problemi con il proprio telefono o con il proprio piano telefonico, è importante poter contare su un servizio clienti efficiente e disponibile a risolvere i problemi. Per questo motivo, è importante informarsi sulla qualità del servizio clienti dell'operatore scelto prima di effettuare la sottoscrizione di un contratto. Verificare le recensioni e le opinioni degli altri clienti può essere molto utile per valutare la qualità del servizio offerto dall'operatore.

Inoltre, è importante considerare anche l'offerta di servizi aggiuntivi dell'operatore. Ad esempio, alcuni operatori telefonici offrono pacchetti che includono l'utilizzo di servizi di streaming o di social network, mentre altri operatori offrono servizi di assistenza sanitaria o di trasporto. In base alle proprie esigenze, può essere conveniente scegliere un operatore che offra questi servizi aggiuntivi.

Un altro fattore da considerare è la tecnologia supportata dall'operatore. Ad esempio, se si possiede un telefono di ultima generazione che supporta la connessione 5G, è importante scegliere un operatore che supporti questa tecnologia per garantire una connessione rapida e affidabile. Inoltre, è importante verificare se l'operatore supporta anche altre tecnologie come 4G, 3G o 2G.

Infine, è importante considerare anche la reputazione dell'operatore telefonico. Infatti, alcuni operatori hanno una reputazione migliore di altri per quanto riguarda la qualità della rete, la qualità del servizio clienti e la trasparenza dei costi. Verificare la reputazione dell'operatore può essere molto utile per evitare spiacevoli sorprese in seguito alla sottoscrizione di un contratto.

In conclusione, scegliere il piano telefonico giusto richiede molta attenzione e considerazione di molteplici fattori. Valutare le proprie esigenze personali, la copertura dell'operatore, il costo del piano telefonico, la durata del contratto, il servizio clienti, l'offerta di servizi aggiuntivi, la tecnologia supportata e la reputazione dell'operatore può essere molto utile per fare la scelta giusta e conveniente per il proprio utilizzo del telefono. Prendersi il tempo necessario per valutare tutti questi fattori può essere la chiave per evitare costi e problemi inutili e godere appieno del proprio telefono e del proprio piano telefonico.

Come ridurre le spese di trasporto

Il trasporto è una spesa inevitabile per la maggior parte delle persone, sia per motivi personali che professionali. Tuttavia, le spese di trasporto possono diventare un peso significativo sul bilancio familiare o aziendale. Fortunatamente, ci sono diverse strategie che è possibile adottare per ridurre le spese di trasporto e risparmiare denaro. In questo testo, esploreremo alcune delle opzioni disponibili per ridurre i costi di trasporto, fornendo utili consigli e suggerimenti per risparmiare denaro sui trasporti quotidiani.

Risparmiare sulla benzina o sui mezzi pubblici è diventato sempre più importante per le famiglie di tutto il mondo. In particolare, il recente aumento dei prezzi dei carburanti, insieme alla crisi economica globale, hanno reso questa necessità ancora più urgente. Fortunatamente, ci sono molte strategie che è possibile adottare per ridurre i costi dei trasporti senza compromettere la propria qualità di vita.

Uno dei modi più semplici e convenienti per risparmiare sulla benzina è quello di utilizzare mezzi di trasporto alternativi, come la bicicletta, il monopattino elettrico o il car sharing. Queste opzioni possono essere particolarmente utili in città, dove le distanze tra le destinazioni possono essere relativamente brevi. Inoltre, sempre più città stanno investendo nella creazione di piste ciclabili e nella promozione della mobilità sostenibile, rendendo queste alternative sempre più pratiche ed accessibili.

Un'altra soluzione per risparmiare sulla benzina è quella di pianificare con cura i propri spostamenti. Ad esempio, si può cercare di fare più commissioni in una volta sola, oppure di organizzare il proprio percorso in modo da passare per il maggior numero di destinazioni possibili. Inoltre, esistono molte app che aiutano a trovare il percorso più efficiente e a evitare il traffico, permettendo di risparmiare tempo e denaro.

Per quanto riguarda i mezzi pubblici, invece, è possibile risparmiare scegliendo l'abbonamento più adatto alle proprie esigenze. Spesso, infatti, le compagnie di trasporto offrono diverse soluzioni, dalle tessere mensili alle tessere annuali, che possono rappresentare un risparmio significativo sul prezzo dei singoli biglietti. Inoltre, molte città offrono sconti speciali per i giovani, gli anziani e i disabili, rendendo i mezzi pubblici ancora più convenienti per queste fasce di utenza.

Un'altra strategia per risparmiare sui mezzi pubblici consiste nel cercare di evitare gli orari di punta, quando i prezzi dei biglietti possono essere maggiori. In questo modo, si potrà usufruire di tariffe più convenienti, senza dover rinunciare al comfort e alla sicurezza dei mezzi pubblici.

In generale, il segreto per risparmiare sulla benzina e sui mezzi pubblici è quello di pianificare con cura i propri spostamenti e di sfruttare al massimo le opzioni di mobilità alternativa a disposizione. Ad esempio, si può cercare di utilizzare mezzi di trasporto alternativi ogni volta che possibile, oppure di adottare abitudini di guida più efficienti, come evitare di accelerare troppo bruscamente o di usare l'aria condizionata in modo eccessivo. Inoltre, è importante tenere sempre d'occhio le offerte e le promozioni dei mezzi pubblici, in modo da poter usufruire delle tariffe più convenienti in ogni momento. Con un po' di pianificazione e di attenzione, è possibile risparmiare considerevolmente sui costi dei trasporti, mantenendo allo stesso tempo la propria qualità di vita e il proprio stile di vita.

Oltre alle strategie sopra elencate, ci sono altre azioni che si possono prendere per risparmiare sulla benzina o sui mezzi pubblici. Ad esempio, si può cercare di fare il pieno di carburante in orari e giorni in cui il prezzo è più basso, oppure di adottare abitudini di guida più efficienti, come evitare di accelerare troppo bruscamente o di usare l'aria condizionata in modo eccessivo. Anche la manutenzione regolare del veicolo può aiutare a ridurre i costi dei trasporti, riducendo il consumo di carburante e prevenendo eventuali guasti o problemi tecnici.

Infine, è possibile adottare un approccio olistico alla questione del risparmio sui trasporti, cercando di migliorare la propria mobilità in modo globale. Ad esempio, si può cercare di lavorare in modo più flessibile, utilizzando lo smart working o altre forme di lavoro a distanza. In questo modo, si riduce la necessità di viaggiare quotidianamente e si riducono i costi dei trasporti. Inoltre, si possono adottare comportamenti più sostenibili anche in altri ambiti, come l'energia, l'acqua e i rifiuti, riducendo l'impatto ambientale e migliorando la propria qualità di vita complessiva.

In conclusione, esistono molte strategie efficaci per risparmiare sulla benzina o sui mezzi pubblici, che possono essere adottate in modo combinato per massimizzare i risultati. La chiave del successo sta nella pianificazione, nell'attenzione ai dettagli e nella costanza nel perseguire i propri obiettivi di risparmio e di sostenibilità. Con un po' di impegno e di creatività, è possibile ridurre i costi dei trasporti e migliorare la propria vita, senza rinunciare a nulla di importante.

L'assicurazione auto è una spesa annuale obbligatoria per tutti i proprietari di veicoli. Tuttavia, i costi dell'assicurazione possono variare notevolmente a seconda di vari fattori come la compagnia di assicurazione, l'età del conducente, il modello di veicolo, la storia dei sinistri e altri fattori. Ci sono diverse strategie che i conducenti possono utilizzare per tagliare i costi dell'assicurazione auto, alcune delle quali sono discusse di seguito.

In primo luogo, è importante valutare le proprie esigenze assicurative. Molti conducenti si affidano alla polizza assicurativa standard senza verificare se copre tutte le loro esigenze. Ad esempio, se un conducente possiede un'auto più vecchia con un valore di mercato basso, potrebbe non essere necessario avere una copertura completa. Invece, potrebbe essere sufficiente avere solo la copertura di responsabilità civile, che copre i danni causati a terzi. In questo modo, il conducente può risparmiare sui costi dell'assicurazione.

In secondo luogo, i conducenti possono cercare di aumentare la franchigia, ovvero la somma che il conducente deve pagare prima che l'assicurazione copra i danni. Aumentare la franchigia può ridurre i costi dell'assicurazione. Tuttavia, è importante accertarsi di avere abbastanza fondi da parte per coprire la franchigia in caso di sinistro.

In terzo luogo, i conducenti possono cercare di migliorare il proprio profilo di rischio. Ci sono diversi fattori che influenzano il profilo di rischio di un conducente, tra cui l'età, la storia dei sinistri, la professione e altri. Ad esempio, i conducenti più anziani con una buona storia dei sinistri sono considerati meno rischiosi e potrebbero pagare meno per l'assicurazione auto. Al contrario, i conducenti più giovani con una storia dei sinistri cattiva sono considerati più rischiosi e potrebbero pagare di più.

In quarto luogo, i conducenti possono cercare di ridurre i chilometri percorsi ogni anno. Le compagnie di assicurazione considerano i chilometri percorsi come un fattore di rischio, poiché più un'auto viene utilizzata, maggiore è la probabilità di un sinistro. Pertanto, se un conducente può ridurre i chilometri percorsi ogni anno, potrebbe risparmiare sui costi dell'assicurazione.

In quinto luogo, i conducenti possono cercare di migliorare la sicurezza del proprio veicolo. Ci sono diversi dispositivi di sicurezza che i conducenti possono installare sul proprio veicolo, come l'allarme, l'immobilizzatore o il tracker GPS, che possono ridurre il rischio di furto o di danni al veicolo. Le compagnie di assicurazione considerano questi dispositivi di sicurezza come un fattore di riduzione del rischio e potrebbero offrire sconti sui costi dell'assicurazione per i conducenti che li installano.

In sesto luogo, i conducenti possono cercare di pagare l'intero importo dell'assicurazione in una sola soluzione anziché optare per il pagamento rateale. Le compagnie di assicurazione potrebbero offrire sconti ai conducenti che pagano l'intero importo in anticipo, poiché questo riduce il rischio di insolvenza.

In settimo luogo, i conducenti possono confrontare le tariffe delle diverse compagnie di assicurazione. Le tariffe dell'assicurazione auto possono variare notevolmente da una compagnia all'altra, quindi confrontare le tariffe può aiutare i conducenti a trovare un'assicurazione più economica. Inoltre, i conducenti dovrebbero cercare di negoziare con la compagnia di assicurazione per ottenere tariffe migliori.

In ottavo luogo, i conducenti possono cercare di utilizzare una compagnia di assicurazione online. Le compagnie di assicurazione online hanno costi operativi inferiori rispetto alle compagnie di assicurazione tradizionali, il che si traduce in tariffe più basse per i conducenti. Inoltre, le compagnie di assicurazione online offrono spesso tariffe personalizzate in base alle esigenze del conducente.

In nono luogo, i conducenti dovrebbero cercare di evitare le violazioni del codice della strada. Le violazioni del codice della strada, come le multe per eccesso di velocità o per il mancato utilizzo della cintura di sicurezza, possono aumentare i costi dell'assicurazione auto. Pertanto, i conducenti dovrebbero cercare di rispettare le regole della strada per mantenere i costi dell'assicurazione il più bassi possibile.

In decimo luogo, i conducenti dovrebbero cercare di evitare i sinistri. I sinistri possono aumentare significativamente i costi dell'assicurazione auto, poiché la compagnia di assicurazione deve pagare per i danni causati al veicolo e ad altre persone coinvolte nel sinistro. Pertanto, i conducenti dovrebbero cercare di guidare in modo sicuro e attento per evitare i sinistri.

In conclusione, ci sono diverse strategie che i conducenti possono utilizzare per tagliare i costi dell'assicurazione auto. Tuttavia, è importante ricordare che la scelta della polizza assicurativa dovrebbe essere basata sulle proprie esigenze e sul proprio profilo di rischio, e che i costi dell'assicurazione possono variare notevolmente da una compagnia all'altra. Pertanto, i conducenti dovrebbero prendersi il tempo necessario per valutare le loro opzioni e scegliere l'assicurazione auto più adatta alle loro esigenze e al loro budget.

Muoversi da un luogo all'altro è sempre stato un'esigenza fondamentale per l'essere umano. L'automobile è certamente uno dei mezzi di trasporto più utilizzati, ma oggi esistono numerose alternative che possono essere altrettanto convenienti, economiche e sostenibili per l'ambiente.

Una delle alternative più interessanti è la bicicletta. Pedalare è un'attività che fa bene al corpo e alla mente, permette di risparmiare sul costo del carburante e aiuta a ridurre l'inquinamento atmosferico. Le biciclette possono essere utilizzate per brevi e medi tragitti, soprattutto in città, dove il traffico può essere particolarmente congestionato. Inoltre, esistono numerose piste ciclabili e percorsi appositamente studiati per le biciclette, che rendono il tragitto ancora più sicuro e piacevole. Nonostante tutto, non tutti i percorsi possono essere fatti in bici, ad esempio per raggiungere località lontane o per trasportare oggetti pesanti, in questi casi è necessario utilizzare mezzi di trasporto diversi.

Un'altra opzione è il trasporto pubblico, che può essere un'alternativa molto valida soprattutto per le lunghe distanze. Gli autobus, i treni e i tram possono essere utilizzati per raggiungere comodamente ogni destinazione, evitando il traffico e riducendo l'inquinamento. Inoltre, i trasporti pubblici offrono la possibilità di leggere, lavorare o rilassarsi durante il tragitto, diventando un'opzione molto conveniente anche dal punto di vista del tempo. Tuttavia, non tutti i luoghi sono facilmente raggiungibili con i mezzi pubblici, soprattutto nelle zone rurali o poco popolate.

Un'altra opzione è il car sharing. Il car sharing è un servizio che permette di utilizzare un'auto solo quando necessario, senza doverne possedere una in proprietà. Questa opzione è molto conveniente soprattutto per chi non ha bisogno dell'auto tutti i giorni, ma solo in determinate occasioni. Il car sharing permette di risparmiare sul costo dell'auto, ma soprattutto aiuta a ridurre il traffico e l'inquinamento atmosferico. Inoltre, molti servizi di car sharing offrono anche auto elettriche, diventando un'alternativa ancora più sostenibile.

Infine, esistono alcune alternative ancora più innovative, come ad esempio i monopattini elettrici o gli hoverboard. Questi mezzi di trasporto sono molto utilizzati soprattutto nelle grandi città, dove permettono di raggiungere facilmente ogni luogo evitando il traffico e riducendo l'inquinamento. Tuttavia, questi mezzi di trasporto possono essere poco pratici per le lunghe distanze o per trasportare oggetti pesanti.

In ogni caso, scegliere un'alternativa alla propria auto può essere una scelta molto vantaggiosa, sia dal punto di vista economico che ambientale. Pedalare, prendere il trasporto pubblico o utilizzare il car sharing sono solo alcune delle opzioni disponibili, ma la scelta dipende dalle proprie esigenze e dalla disponibilità di mezzi di trasporto nella propria zona. In molti casi, inoltre, è possibile combinare diverse modalità di trasporto in base alle proprie esigenze. Ad esempio, si può utilizzare la bicicletta per raggiungere la stazione dei treni o l'autobus, oppure si può optare per il car sharing per raggiungere località lontane e poi utilizzare la bicicletta per spostarsi in città.

Inoltre, l'utilizzo di alternative alla propria auto può anche comportare benefici per la salute. Pedalare o camminare, ad esempio, sono attività fisiche che aiutano a mantenere il corpo in forma e a ridurre lo stress. Inoltre, utilizzando il trasporto pubblico o il car sharing è possibile dedicare il tempo del tragitto a leggere, ascoltare musica o rilassarsi, riducendo il livello di stress e migliorando la qualità della vita.

Infine, l'utilizzo di mezzi di trasporto alternativi all'auto può avere un impatto positivo sull'ambiente. L'automobile è uno dei principali responsabili dell'inquinamento atmosferico e del cambiamento climatico, quindi scegliere di utilizzare mezzi di trasporto a basse emissioni di CO_2 può contribuire a ridurre l'impatto sull'ambiente. Inoltre, l'utilizzo di mezzi di trasporto alternativi può anche aiutare a ridurre la congestione del traffico, che rappresenta un problema particolarmente importante nelle grandi città.

In sintesi, esistono molte alternative all'utilizzo della propria auto, ognuna con i suoi vantaggi e svantaggi. Scegliere la modalità di trasporto più adatta dipende dalle proprie esigenze, dal luogo in cui si vive e dal tipo di spostamento che si deve effettuare. Tuttavia, optare per mezzi di trasporto alternativi all'auto può comportare numerosi benefici, sia dal punto di vista economico che ambientale e della salute.

Risparmiare sulla spesa alimentare

In un'epoca in cui i costi della vita sono in costante aumento, trovare modi per risparmiare denaro è diventato un obiettivo sempre più importante per molte famiglie. La spesa alimentare rappresenta una delle principali voci di spesa del bilancio familiare, ma ci sono alcune strategie che possono aiutare a risparmiare senza dover rinunciare alla qualità e alla varietà nella dieta quotidiana.

Una delle prime cose da fare per risparmiare sulla spesa alimentare è pianificare in anticipo i pasti e le relative spese. Ciò significa creare un piano settimanale o mensile, in cui si definiscono gli ingredienti necessari per ogni pasto, e poi fare la spesa di conseguenza. In questo modo, si evitano gli acquisti impulsivi e si riesce a sfruttare al meglio gli ingredienti, senza sprechi.

Un'altra strategia importante per risparmiare sulla spesa alimentare è quella di cercare le offerte e le promozioni nei supermercati. Molte catene di supermercati offrono sconti sui prodotti freschi, sui prodotti a marchio del negozio, sui prodotti stagionali o su quelli in scadenza. Anche se non è sempre facile trovare queste offerte, può essere utile pianificare la spesa in base alle promozioni in corso.

Inoltre, è importante cercare prodotti a prezzi convenienti, ma senza compromettere la qualità e la freschezza. In questo senso, spesso i prodotti a marchio del negozio possono essere una buona opzione, in quanto spesso hanno lo stesso livello di qualità dei prodotti delle marche più note, ma a un prezzo inferiore. Inoltre, spesso i prodotti freschi, come frutta e verdura, acquistati nei mercati rionali o nei negozi locali, possono avere prezzi più convenienti rispetto ai supermercati.

Un altro modo per risparmiare sulla spesa alimentare è quello di cercare prodotti di stagione, in quanto sono spesso più economici e di migliore qualità rispetto ai prodotti fuori stagione. In questo modo, si può approfittare dei prezzi bassi e della freschezza degli alimenti di stagione, per poi conservarli e utilizzarli in futuro.

Inoltre, è importante ridurre gli sprechi e sfruttare al massimo gli alimenti che si acquistano. Ad esempio, è possibile utilizzare gli avanzi per creare nuovi piatti, con una buona dose di creatività e fantasia. Inoltre, è importante evitare di buttare via il cibo che sta per scadere, cercando di utilizzarlo prima della data di scadenza. Per questo motivo, può essere utile pianificare i pasti in modo da utilizzare prima gli ingredienti che scadono più rapidamente.

Infine, un modo per risparmiare sulla spesa alimentare è quello di produrre alcuni alimenti in casa. Ad esempio, si possono preparare il pane, i dolci, i biscotti e altre delizie in cucina, utilizzando ingredienti semplici e poco costosi. In questo modo, non solo si risparmia denaro, ma si può anche scegliere di utilizzare ingredienti biologici e di alta qualità, controllando anche l'apporto calorico e nutrizionale degli alimenti.

Inoltre, è possibile coltivare un piccolo orto domestico, dove si possono coltivare frutta e verdura fresche, erbe aromatiche e spezie, senza l'utilizzo di pesticidi e fertilizzanti chimici. In questo modo, si possono avere prodotti freschi, biologici e di alta qualità, risparmiando denaro sulla spesa alimentare.

In sintesi, ci sono molte strategie che possono aiutare a risparmiare sulla spesa alimentare, senza dover rinunciare alla qualità e alla varietà nella dieta quotidiana. Pianificare in anticipo i pasti, cercare le offerte e le promozioni nei supermercati, acquistare prodotti a prezzi convenienti ma di alta qualità, utilizzare gli alimenti di stagione e ridurre gli sprechi sono solo alcune delle strategie che possono essere utilizzate. Inoltre, produrre alcuni alimenti in casa e coltivare un orto domestico possono essere soluzioni efficaci per avere prodotti freschi e di alta qualità a costi contenuti. Con un po' di creatività e pianificazione, è possibile risparmiare sulla spesa alimentare senza dover rinunciare a una dieta sana e gustosa.

Fare la spesa è un'attività che inevitabilmente coinvolge tutti noi. Andare al supermercato è un'esperienza che spesso viene vista come un fastidio, in cui ci si ritrova costretti a spendere soldi per acquistare cibo e prodotti per la casa. Tuttavia, esistono numerosi modi per risparmiare sulla spesa del supermercato e fare in modo che questa attività non sia più così onerosa.

Il primo consiglio per risparmiare sulla spesa del supermercato è quello di fare una lista della spesa prima di andare al negozio. Questo è importante perché ti aiuterà a evitare acquisti impulsivi, che spesso possono portare a una spesa maggiore del previsto. Inoltre, una lista della spesa ti permetterà di concentrarti solo sui prodotti di cui hai realmente bisogno, evitando di acquistare cose inutili.

Un'altra strategia per risparmiare sulla spesa del supermercato è quella di fare la spesa una sola volta alla settimana. In questo modo, potrai pianificare i pasti in anticipo e acquistare solo i prodotti necessari per la settimana. Inoltre, evitando di andare al supermercato ogni giorno, risparmierai anche tempo e carburante.

Un altro modo per risparmiare sulla spesa del supermercato è quello di fare attenzione alle offerte e ai coupon. Molte catene di supermercati offrono sconti su prodotti specifici, e spesso questi sconti sono molto convenienti. Inoltre, alcuni supermercati offrono coupon sconto che possono essere utilizzati per ridurre ulteriormente la spesa.

Un altro modo per risparmiare sulla spesa del supermercato è quello di acquistare prodotti in grandi quantità. Molti supermercati offrono sconti su prodotti venduti in grandi quantità, come sacchi di riso, bottiglie d'acqua e pacchi di pasta. Acquistando questi prodotti in grandi quantità, potrai risparmiare notevolmente sulla spesa complessiva.

Inoltre, una strategia utile per risparmiare sulla spesa del supermercato è quella di acquistare prodotti a marca del distributore. Molti supermercati vendono prodotti a marchio proprio a prezzi inferiori rispetto alle marche più note. Questi prodotti sono spesso di ottima qualità e possono aiutare a risparmiare notevolmente sulla spesa complessiva.

Un altro consiglio utile per risparmiare sulla spesa del supermercato è quello di acquistare frutta e verdura di stagione. Questi prodotti sono spesso meno costosi rispetto alle alternative fuori stagione e hanno anche un sapore migliore. Inoltre, la frutta e la verdura di stagione sono spesso più nutrienti, in quanto vengono raccolti quando sono al massimo della loro maturazione.

Infine, per risparmiare sulla spesa del supermercato è importante anche fare attenzione ai prezzi dei prodotti. Molti supermercati utilizzano strategie di pricing che possono portare a confusione tra i consumatori. Ad esempio, alcuni prodotti vengono venduti a prezzi diversi a seconda della posizione in cui sono esposti sugli scaffali, o vengono messi in evidenza con etichette ingannevoli che fanno credere che siano in offerta quando in realtà non lo sono. Per evitare di cadere in queste trappole, è importante controllare sempre il prezzo dei prodotti e fare attenzione alle offerte.

In conclusione, ci sono molte strategie utili per risparmiare sulla spesa del supermercato. Fare una lista della spesa, pianificare i pasti in anticipo, utilizzare le offerte e i coupon, acquistare prodotti in grandi quantità, scegliere prodotti a marca del distributore, comprare frutta e verdura di stagione e fare attenzione ai prezzi dei prodotti sono solo alcune delle strategie che si possono adottare. Tuttavia, è importante anche ricordare che la qualità dei prodotti è importante e che non sempre il prezzo più basso è sinonimo di risparmio. Infatti, a volte vale la pena spendere un po' di più per acquistare prodotti di qualità che ci permettono di mangiare meglio e di vivere in modo più sano.

Mangiare fuori casa può diventare un piacere costoso, ma ci sono diverse strategie che possono aiutare a ridurre il costo dei pasti e risparmiare denaro. Queste strategie possono essere applicate in diversi contesti, come ad esempio durante i pranzi al lavoro, le cene al ristorante o le colazioni in viaggio.

Innanzitutto, è possibile risparmiare denaro scegliendo locali meno costosi o cercando offerte e promozioni. Molte catene di fast food, ad esempio, offrono menu a prezzi ridotti durante il pranzo o la cena, mentre alcuni ristoranti propongono sconti per gruppi numerosi o per i clienti che effettuano prenotazioni online.

In alternativa, si può optare per cibi preparati in casa da portare con sé. Preparare il pranzo o la cena da soli, infatti, può essere un'ottima soluzione per risparmiare denaro e mangiare in modo più sano e sostenibile. In questo modo, si può controllare l'apporto calorico e nutrizionale del pasto, oltre a evitare il rischio di allergie o intolleranze.

Un'altra strategia per ridurre il costo dei pasti fuori casa è quella di condividere i piatti con gli amici o i colleghi. In questo modo, si può dividere il conto e risparmiare denaro, senza dover rinunciare al piacere di mangiare insieme. Inoltre, scegliere piatti da condividere può anche essere un'opportunità per provare nuovi sapori e scoprire piatti tipici della cucina locale.

In alcuni casi, inoltre, è possibile scegliere opzioni vegetariane o vegane, che spesso costano meno rispetto a piatti a base di carne o pesce. Inoltre, scegliere piatti a base di verdure può essere un'ottima soluzione per ridurre l'impatto ambientale della propria dieta, oltre a migliorare la salute.

Un'altra strategia per risparmiare denaro durante i pasti fuori casa è quella di evitare gli alcolici e le bevande gassate, che spesso costano molto più degli altri cibi e bevande. Invece, si può scegliere di bere acqua, tè o caffè, che sono bevande più economiche e salutari.

Infine, è possibile ridurre il costo dei pasti fuori casa scegliendo cibi e bevande in base alla stagionalità e alla disponibilità locale. In questo modo, si possono acquistare prodotti freschi e di alta qualità a prezzi più convenienti, oltre a sostenere l'economia locale e ridurre l'impatto ambientale del proprio consumo.

In conclusione, ci sono molte strategie che possono aiutare a ridurre il costo dei pasti fuori casa, senza rinunciare al piacere della buona cucina e della convivialità. Scegliere locali meno costosi, preparare il pranzo o la cena da soli, condividere i piatti con gli amici, scegliere opzioni vegetariane o vegane, evitare alcolici e bevande gassate, e scegliere cibi e bevande in base alla stagionalità e alla disponibilità locale sono solo alcune delle strategie che possono essere adottate per ridurre i costi dei pasti fuori casa.

Inoltre, è importante sottolineare che il risparmio sui pasti fuori casa può avere effetti positivi non solo sul portafoglio, ma anche sulla salute e sull'ambiente. Infatti, scegliere piatti più sani e sostenibili può ridurre l'impatto negativo della propria dieta sul pianeta e sulla propria salute, mentre il risparmio di denaro può essere reinvestito in altri ambiti importanti della propria vita, come ad esempio l'educazione, il tempo libero o il risparmio per il futuro.

Per quanto riguarda le scelte alimentari, è importante ricordare che i pasti fuori casa possono essere un'occasione per scoprire nuovi sapori e sperimentare cucine diverse, ma è importante anche prestare attenzione alla qualità e alla provenienza dei cibi. Ad esempio, scegliere cibi biologici o a chilometro zero può essere un'ottima soluzione per garantire cibi di alta qualità e ridurre l'impatto ambientale del proprio consumo.

Inoltre, scegliere cibi che rispettino la stagionalità e la biodiversità può essere un'opportunità per scoprire prodotti locali e sostenere l'agricoltura locale. Infine, è importante prestare attenzione alle etichette degli alimenti e cercare di evitare prodotti con ingredienti poco salutari, come ad esempio grassi idrogenati, zuccheri aggiunti e conservanti artificiali.

In sintesi, ridurre il costo dei pasti fuori casa può essere un'ottima soluzione per risparmiare denaro, migliorare la salute e ridurre l'impatto ambientale del proprio consumo. Scegliere locali meno costosi, preparare il pranzo o la cena da soli, condividere i piatti con gli amici, scegliere opzioni vegetariane o vegane, evitare alcolici e bevande gassate, e scegliere cibi e bevande in base alla stagionalità e alla

disponibilità locale sono solo alcune delle strategie
che possono essere adottate per raggiungere questi
obiettivi.

Lo spreco alimentare è un problema che affligge il
mondo intero. Secondo le stime delle Nazioni Unite,
ogni anno vengono sprecati circa 1,3 miliardi di
tonnellate di cibo a livello globale, il che equivale a
circa un terzo della produzione alimentare mondiale.
Questo ha un impatto significativo sulle risorse
naturali, sulle emissioni di gas serra e sulla sicurezza
alimentare. Ma cosa possiamo fare per ridurre lo
spreco alimentare?

Una delle soluzioni più efficaci è quella di gestire gli
avanzi. Infatti, gli avanzi rappresentano una delle
principali cause dello spreco alimentare, in quanto
spesso finiscono per essere buttati via invece di essere
utilizzati. Ma come possiamo gestire gli avanzi in
modo efficace?

In primo luogo, è importante pianificare i pasti in
modo oculato. Spesso, infatti, gli avanzi si
accumulano perché cuciniamo troppo cibo o non
pianifichiamo correttamente le porzioni. Per evitare
questo problema, è consigliabile pianificare in
anticipo i pasti della settimana e comprare solo gli
ingredienti necessari per cucinare quello che abbiamo
previsto. In questo modo, eviteremo di avere avanzi
inutili.

In secondo luogo, dobbiamo imparare a conservare
gli avanzi in modo corretto. Spesso, infatti, gli avanzi

vengono buttati via perché si deteriorano troppo velocemente. Per evitare questo problema, è importante conservarli in contenitori ermetici e riporli in frigorifero o freezer. In questo modo, potremo mantenerli freschi e utilizzabili per un periodo più lungo.

In terzo luogo, è importante imparare a riciclare gli avanzi. Ad esempio, le verdure cotte possono essere utilizzate per preparare una zuppa o un purè di patate, mentre la carne cotta può essere utilizzata per preparare un sugo o un ripieno per la pasta. In questo modo, saremo in grado di utilizzare gli avanzi in modo creativo e delizioso.

In quarto luogo, è importante condividere gli avanzi con gli altri. Spesso, infatti, cuciniamo troppo cibo perché abbiamo paura di non avere abbastanza da mangiare. Tuttavia, se impariamo a condividere gli avanzi con gli amici o i vicini, saremo in grado di evitare lo spreco alimentare e promuovere la condivisione e la solidarietà.

Infine, è importante sensibilizzare le persone sull'importanza di gestire gli avanzi in modo corretto. Spesso, infatti, le persone non sono consapevoli dell'impatto dello spreco alimentare sull'ambiente e sulla società. Se riusciamo a sensibilizzare le persone su questo problema e su come gestire gli avanzi in modo efficace, saremo in grado di ridurre significativamente lo spreco alimentare.

In conclusione, la gestione degli avanzi è una delle soluzioni più efficaci per ridurre lo spreco alimentare.

Per gestirli in modo corretto, è importante pianificare i pasti in modo oculato, conservarli correttamente, riciclarli, condividerli e sensibilizzare le persone sull'importanza di questo problema. Tutti questi aspetti sono importanti per garantire che gli avanzi vengano utilizzati in modo efficace e che il cibo non venga sprecato.

Tuttavia, la gestione degli avanzi non è solo una questione di riduzione dello spreco alimentare, ma anche di riduzione dei costi per le famiglie e le imprese. Infatti, se riusciamo a utilizzare gli avanzi in modo efficace, potremo risparmiare denaro e ridurre la spesa per il cibo.

Inoltre, la gestione degli avanzi è anche una questione di sostenibilità ambientale. Infatti, se riusciamo a ridurre lo spreco alimentare, potremo ridurre l'impatto sulle risorse naturali e sulle emissioni di gas serra. In questo modo, potremo contribuire a preservare l'ambiente per le generazioni future.

In conclusione, la gestione degli avanzi è un aspetto fondamentale per ridurre lo spreco alimentare e promuovere la sostenibilità ambientale. Per gestirli in modo corretto, è importante pianificare i pasti in modo oculato, conservarli correttamente, riciclarli, condividerli e sensibilizzare le persone sull'importanza di questo problema. Solo attraverso una combinazione di azioni individuali e collettive, saremo in grado di ridurre significativamente lo spreco alimentare e creare un mondo più sostenibile per tutti.

CAPITOLO 2

Abitudini di risparmio quotidiane

L'abitudine di risparmiare denaro ogni giorno può sembrare un compito difficile, ma può essere incredibilmente gratificante a lungo termine. Essere in grado di mettere da parte una piccola quantità di denaro ogni giorno può significare la differenza tra una vita finanziariamente stressante e una vita finanziariamente stabile. Sviluppare un'abitudine di risparmio quotidiana richiede una certa disciplina e costanza, ma può portare a grandi benefici, come il raggiungimento di obiettivi finanziari, la riduzione dello stress e la creazione di un futuro finanziario più sicuro. Ci sono molte abitudini di risparmio quotidiane che si possono adottare, tra cui la preparazione dei pasti a casa, l'uso di biciclette o mezzi pubblici anziché di una macchina personale, la riduzione dell'acquisto di beni di lusso e la creazione di un budget mensile per monitorare le spese. Con il tempo, queste piccole abitudini possono accumularsi e portare a grandi risparmi e una maggiore sicurezza finanziaria.

Cercare le offerte migliori

Cercare le offerte migliori è un'attività che molti di noi svolgono regolarmente per risparmiare denaro sui nostri acquisti. Ci sono diversi modi per trovare le offerte migliori, come ad esempio confrontare i prezzi tra i negozi, cercare coupon o sconti online, acquistare prodotti durante i periodi di saldi o promozioni speciali, o cercare prodotti ricondizionati o di seconda mano. La ricerca delle offerte migliori può richiedere un po' di tempo e sforzo, ma alla fine può portare a notevoli risparmi e permettere di acquistare prodotti di qualità a prezzi convenienti.

Acquistare prodotti a prezzi convenienti è sempre una preoccupazione per molti di noi, soprattutto quando si tratta di prodotti che acquistiamo spesso. Fortunatamente, ci sono molte strategie che possiamo utilizzare per cercare offerte sui prodotti che acquistiamo regolarmente.

Una delle prime strategie è quella di cercare online. Il web è pieno di negozi online e siti di comparazione prezzi che ci permettono di confrontare i prezzi di un prodotto in diversi negozi, in modo da trovare il prezzo migliore. Siti come Amazon, eBay e altri offrono offerte e sconti per i prodotti, quindi ci conviene controllare regolarmente i prezzi dei nostri prodotti preferiti in questi siti.

Un'altra strategia è quella di iscriversi alla newsletter dei negozi online dove acquistiamo i prodotti. Molte volte i negozi offrono offerte esclusive ai loro clienti fedeli attraverso la newsletter, quindi iscriversi a queste newsletter ci permette di ricevere informazioni su offerte e sconti.

Inoltre, molti negozi offrono programmi fedeltà o carte sconto. Questi programmi offrono sconti esclusivi e altre offerte ai clienti fedeli, quindi ci conviene controllare se il negozio dove acquistiamo i prodotti ha un programma del genere.

Se acquistiamo prodotti alimentari, i negozi online come Amazon Pantry, e altri, offrono sconti se acquistiamo prodotti in grandi quantità. Pertanto, conviene acquistare in grandi quantità i prodotti che usiamo spesso per risparmiare.

Inoltre, conviene acquistare i prodotti nei periodi di offerte speciali come il Black Friday, Cyber Monday, Amazon Prime Day e altre occasioni come il Natale e altre festività. Durante questi periodi i negozi online e fisici offrono sconti su molti prodotti, quindi conviene aspettare questi periodi per acquistare i nostri prodotti preferiti.

In conclusione, ci sono molte strategie che possiamo utilizzare per cercare offerte sui prodotti che acquistiamo spesso. Cercare online, iscriversi alla newsletter dei negozi, utilizzare programmi fedeltà, acquistare in grandi quantità, e approfittare di occasioni speciali come il Black Friday e il Cyber Monday sono tutti modi per risparmiare sui prodotti che acquistiamo regolarmente. Con un po' di pazienza e ricerca, possiamo trovare offerte sui nostri prodotti preferiti e risparmiare sui nostri acquisti.

Il coupon e le promozioni sono strumenti di marketing molto utilizzati dalle aziende per incentivare gli acquisti dei propri prodotti o servizi. Queste tecniche promozionali possono assumere molte forme, dalle riduzioni di prezzo ai regali gratuiti, alle offerte a tempo limitato e molto altro ancora.

La motivazione principale alla base di queste promozioni è quella di creare un senso di urgenza nell'acquirente, spingendolo a compiere l'acquisto entro un determinato lasso di tempo o offrendo uno sconto che scade entro una data prestabilita. Questo meccanismo di vendita è molto efficace perché il cliente percepisce un vantaggio immediato, che può spingerlo a fare un acquisto che altrimenti non avrebbe effettuato.

Oltre ad attrarre nuovi clienti, le promozioni possono anche essere utilizzate per incentivare la fedeltà dei clienti esistenti. Ad esempio, un'azienda potrebbe offrire uno sconto speciale o un regalo per i clienti che hanno effettuato un determinato numero di acquisti o che hanno speso una certa quantità di denaro. In questo modo, l'azienda incoraggia i propri clienti a continuare a fare acquisti da loro, aumentando la loro fidelizzazione al brand.

Inoltre, le promozioni possono essere utilizzate anche come strumento di cross-selling e up-selling. Ad esempio, una compagnia aerea potrebbe offrire uno sconto sui voli per una determinata destinazione, ma solo se l'acquirente prenota anche l'alloggio attraverso il sito della compagnia. In questo modo, l'azienda può incentivare gli acquisti aggiuntivi e aumentare il valore medio degli acquisti dei propri clienti.

Tuttavia, è importante notare che le promozioni non devono essere utilizzate in modo indiscriminato, in quanto potrebbero avere effetti negativi sulla percezione del brand da parte dei clienti. Ad esempio, se un'azienda utilizza promozioni troppo frequentemente o offrendo sconti eccessivamente elevati, potrebbe essere percepita come un'azienda che non ha una strategia di prezzo chiara o che non offre un valore adeguato ai propri clienti.

Inoltre, le promozioni dovrebbero essere mirate in modo appropriato per il pubblico di riferimento dell'azienda. Ad esempio, una promozione che si rivolge a un pubblico giovane e dinamico potrebbe non funzionare bene con un pubblico più maturo e tradizionale.

Infine, le promozioni dovrebbero essere utilizzate in modo integrato con le altre attività di marketing dell'azienda, in modo da creare un'esperienza di marca coerente per i clienti. Ad esempio, una promozione che si integra con una campagna pubblicitaria potrebbe essere molto più efficace di una promozione lanciata in modo isolato.

In definitiva, le promozioni e i coupon possono essere un'ottima leva per incentivare gli acquisti dei clienti, ma devono essere utilizzati in modo mirato, coerente e strategico. Solo in questo modo l'azienda può creare un valore reale per i propri clienti e migliorare la propria posizione di mercato nel lungo termine. Inoltre, è importante che le promozioni siano in linea con gli obiettivi a lungo termine dell'azienda e non creino una dipendenza da sconti e offerte tra i propri clienti.

Un altro aspetto importante da considerare quando si utilizzano le promozioni è la trasparenza nei confronti dei clienti. Le offerte dovrebbero essere chiare e facilmente comprensibili, senza ingannare i clienti sulla reale convenienza dell'acquisto. Ad esempio, se un'azienda propone uno sconto su un prodotto, dovrebbe essere chiaro se il prezzo scontato è ancora conveniente rispetto ai prodotti simili presenti sul mercato.

Inoltre, le promozioni dovrebbero essere comunicate in modo chiaro e coerente attraverso tutti i canali di comunicazione dell'azienda, in modo che i clienti non si sentano esclusi o discriminati se non hanno accesso alle promozioni. Ad esempio, se un'azienda lancia una promozione sui social media, dovrebbe essere comunicata anche attraverso gli altri canali di comunicazione, come il sito web, la newsletter e la comunicazione in-store.

Infine, le promozioni dovrebbero essere monitorate e analizzate in modo costante per valutare la loro efficacia e apportare eventuali correzioni o miglioramenti. Ad esempio, un'azienda potrebbe monitorare le vendite durante il periodo di promozione e confrontarle con le vendite dello stesso periodo dell'anno precedente, in modo da valutare l'impatto della promozione sui propri risultati.

In conclusione, le promozioni e i coupon sono strumenti di marketing molto utili per incentivare gli acquisti dei clienti e aumentare la fidelizzazione al brand. Tuttavia, devono essere utilizzati in modo mirato, trasparente e coerente con gli obiettivi a lungo termine dell'azienda. Inoltre, è importante monitorare costantemente l'efficacia delle promozioni e apportare eventuali correzioni o miglioramenti per garantire il successo delle attività di marketing.

Negli ultimi anni, le app per risparmiare denaro sono diventate sempre più popolari tra i consumatori. Con l'avvento della tecnologia mobile e l'aumento della competitività nel mercato delle app, i consumatori hanno ora accesso a un'ampia gamma di app che promettono di aiutarli a risparmiare denaro in modi diversi e innovativi.

Una delle principali categorie di app per risparmiare denaro sono quelle che consentono di guadagnare denaro extra. Queste app offrono solitamente agli utenti la possibilità di guadagnare denaro completando sondaggi online, guardando video pubblicitari, partecipando a giochi, o facendo acquisti attraverso l'app stessa. Sebbene i guadagni siano solitamente modesti, queste app possono essere utili per coloro che cercano di arrotondare le loro entrate o guadagnare qualche soldo extra per un acquisto importante.

Altre app per risparmiare denaro si concentrano invece sulla riduzione dei costi. Ad esempio, alcune app consentono agli utenti di confrontare i prezzi dei prodotti in diversi negozi, mentre altre app offrono sconti e coupon esclusivi per gli acquisti online. Inoltre, alcune app per risparmiare denaro forniscono suggerimenti su come ridurre le bollette mensili, ad esempio suggerendo modi per ridurre il consumo di energia o fornendo consigli per risparmiare sui costi dei trasporti.

Alcune app per risparmiare denaro si concentrano sullo sviluppo di abitudini finanziarie sane. Ad esempio, alcune app offrono una funzione di monitoraggio delle spese, che consente agli utenti di tenere traccia delle proprie spese quotidiane e settimanali e di identificare le aree in cui possono risparmiare denaro. Altre app forniscono strumenti di pianificazione finanziaria, ad esempio consentendo agli utenti di creare un budget personalizzato e di impostare obiettivi finanziari a breve e lungo termine.

Molte app per risparmiare denaro utilizzano anche l'approccio "cashback", in cui gli utenti ottengono una percentuale di rimborso sulle loro spese. Ad esempio, alcune app offrono cashback su acquisti effettuati in negozi fisici o online, mentre altre app offrono cashback per l'utilizzo di determinate carte di credito o di debito.

Inoltre, alcune app per risparmiare denaro offrono programmi di fedeltà, in cui gli utenti possono guadagnare punti o crediti per gli acquisti effettuati, che poi possono essere utilizzati per ricevere sconti o premi. Queste app sono particolarmente utili per coloro che effettuano frequenti acquisti presso determinati negozi o catene di negozi.

Infine, alcune app per risparmiare denaro si concentrano sullo sviluppo di abitudini di risparmio a lungo termine. Ad esempio, alcune app offrono strumenti di investimento automatizzati, che consentono agli utenti di investire piccole somme di denaro regolarmente in portafogli diversificati di investimenti. Questo approccio consente agli utenti di costruire un portafoglio di investimenti nel tempo, senza dover fare grandi investimenti iniziali o gestire attivamente il proprio portafoglio.

In sintesi, le app per risparmiare denaro offrono molte opzioni diverse per aiutare gli utenti a risparmiare denaro in modi innovativi e convenienti. Che si tratti di guadagnare denaro extra, di confrontare i prezzi, di ottenere sconti e coupon esclusivi, di monitorare le spese, di utilizzare programmi di fedeltà o di sviluppare abitudini di risparmio a lungo termine, ci sono molte app disponibili che possono aiutare gli utenti a raggiungere i loro obiettivi finanziari. Tuttavia, è importante notare che le app per risparmiare denaro non sono una soluzione magica per tutti i problemi finanziari. Per ottenere il massimo vantaggio da queste app, è importante combinare l'uso delle app con abitudini finanziarie sane, come la creazione di un budget personale e l'evitare gli acquisti impulsivi. Inoltre, è importante essere consapevoli delle tariffe e delle commissioni associati all'utilizzo di alcune app e di leggere attentamente i termini e le condizioni prima di utilizzare qualsiasi app per risparmiare denaro.

Come fare shopping in modo più intelligente

Io shopping è un'attività quotidiana per molte persone, ma spesso può essere costoso e insostenibile per l'ambiente. Per fare acquisti in modo più intelligente, è importante considerare la qualità, la sostenibilità e il prezzo dei prodotti che si desidera acquistare. Inoltre, è utile pianificare in anticipo gli acquisti e limitare gli acquisti impulsivi, per evitare sprechi eccessivi. Seguendo queste linee guida, è possibile fare acquisti in modo più consapevole, risparmiare denaro e ridurre l'impatto ambientale del consumo.

L'acquisto impulsivo è un problema comune che molte persone affrontano quando fanno acquisti. In genere, l'acquisto impulsivo si verifica quando si acquista qualcosa senza pensarci troppo o senza prendersi il tempo di riflettere su di esso. Questo può portare a decisioni sbagliate e spese inutili.

Per evitare gli acquisti impulsivi, è importante avere una strategia. Una buona strategia potrebbe essere quella di pianificare in anticipo. Ad esempio, si potrebbe fare una lista degli acquisti necessari e limitarsi a comprare solo ciò che è effettivamente necessario. In questo modo, si eviterà di comprare cose inutili o superflue.

Un'altra strategia potrebbe essere quella di limitare le tentazioni. Ad esempio, se si sa di essere tentati da determinati prodotti, come snack o prodotti di bellezza, è possibile evitare di andare nei negozi che vendono questi prodotti o evitare di guardare le pubblicità online che promuovono questi prodotti. In questo modo, si ridurrà la tentazione di acquistare cose che non si hanno bisogno.

Inoltre, potrebbe essere utile prendersi il tempo per valutare l'acquisto. Ad esempio, prima di acquistare qualcosa, si potrebbe chiedersi se è davvero necessario o se si potrebbe fare a meno di esso. Inoltre, si potrebbe chiedersi se si avrà ancora bisogno di questo prodotto tra qualche settimana o tra qualche mese. In questo modo, si eviterà di fare acquisti impulsivi e si potrà prendere una decisione più ponderata.

Un'altra strategia potrebbe essere quella di stabilire un budget. Ad esempio, si potrebbe decidere di spendere solo una determinata quantità di denaro ogni mese per gli acquisti non essenziali. In questo modo, si eviterà di spendere troppo denaro in cose che non si hanno bisogno e si potrà gestire meglio il proprio denaro.

Infine, potrebbe essere utile cercare alternative. Ad esempio, invece di acquistare un nuovo vestito o un nuovo paio di scarpe, si potrebbe cercare di acquistare prodotti usati o di prendere in prestito da amici o familiari. In questo modo, si potrà risparmiare denaro e evitare di fare acquisti impulsivi.

In sintesi, ci sono molte strategie che si possono utilizzare per evitare gli acquisti impulsivi. Tuttavia, la strategia migliore dipenderà dalle proprie esigenze e abitudini di acquisto. È importante prendersi il tempo per valutare quale strategia funzionerà meglio per se stessi e adattarla di conseguenza. Con un po' di pianificazione e di autocontrollo, si può evitare di fare acquisti impulsivi e prendere decisioni più sagge sui propri acquisti.

Quando si tratta di scegliere prodotti di qualità a prezzi convenienti, ci sono alcuni fattori importanti da considerare che possono aiutare a fare la scelta giusta. Prima di tutto, è importante valutare le proprie esigenze e fare una lista di ciò che si cerca in un prodotto. Ad esempio, se si sta cercando un paio di scarpe, bisogna considerare la funzionalità, la qualità dei materiali, il design e la durata nel tempo.

Il prezzo è un altro fattore importante da considerare. Spesso, si possono trovare prodotti di qualità a prezzi accessibili facendo acquisti online o cercando sconti e offerte. È importante tuttavia fare attenzione alle false promozioni e ai prodotti a basso prezzo che possono essere di bassa qualità o addirittura contraffatti.

Un altro aspetto importante da considerare è la reputazione del produttore o del venditore. Si possono trovare recensioni online o chiedere consigli ad amici e conoscenti per avere un'idea della qualità del prodotto. È importante fare attenzione alle recensioni false o sponsorizzate, e cercare fonti affidabili.

Un altro fattore da considerare è la sostenibilità del prodotto. Oggi sempre più persone sono interessate a prodotti sostenibili e amici dell'ambiente, quindi potrebbe essere utile cercare produttori che si impegnano in questo senso.

Infine, è importante tenere in considerazione il rapporto qualità-prezzo. Un prodotto che sembra costoso ma che dura a lungo e offre prestazioni superiori può risultare più conveniente nel lungo periodo rispetto a prodotti più economici ma di bassa qualità che si devono sostituire frequentemente.

In generale, scegliere prodotti di qualità a prezzi convenienti richiede una certa attenzione e ricerca, ma con i giusti criteri di valutazione è possibile fare scelte informate e soddisfacenti.

Quando si tratta di regali e occasioni speciali, può essere facile cadere nella trappola di spendere troppo. Ma con un po' di creatività e pianificazione, è possibile regalare qualcosa di significativo senza svuotare il portafoglio. Ecco alcuni consigli per risparmiare sui regali e le occasioni speciali.

In primo luogo, cerca di pianificare in anticipo. Se sai che avrai bisogno di acquistare un regalo per un'occasione speciale, come un compleanno o un anniversario, inizia a cercare idee e opzioni di regalo almeno un paio di settimane prima. In questo modo, avrai tempo sufficiente per cercare offerte e sconti online o in negozi locali, confrontare prezzi e trovare l'opzione migliore per il tuo budget.

Inoltre, cerca di sfruttare al massimo le offerte promozionali e le opzioni di cashback. Molte aziende offrono sconti e promozioni speciali durante i periodi festivi o per celebrare eventi importanti, come il Black Friday o il Cyber Monday. Se sei in grado di pianificare in anticipo, potresti essere in grado di cogliere l'occasione e risparmiare sul tuo acquisto.

In alternativa, considera di utilizzare i punti di fedeltà o le carte regalo. Molte aziende offrono programmi di fedeltà che consentono di accumulare punti o ricompense in base agli acquisti effettuati. Se hai accumulato un numero significativo di punti, potresti essere in grado di utilizzarli per acquistare un regalo senza dover spendere soldi extra. Allo stesso modo, le carte regalo possono essere un'opzione utile se non sei sicuro di cosa acquistare o se vuoi dare al destinatario la libertà di scegliere ciò che desidera.

Un'altra opzione per risparmiare sui regali è quella di fare da te. Se hai talento artistico o artigianale, considera di creare un regalo personalizzato per il destinatario. Potrebbe essere una scultura, un dipinto, una maglietta stampata o qualsiasi altra cosa tu possa creare con le tue mani. In questo modo, potresti risparmiare denaro sull'acquisto del regalo e creare qualcosa di unico e significativo per il destinatario.

In alternativa, potresti considerare di regalare il tuo tempo o le tue competenze. Ad esempio, potresti offrirti di fare qualcosa per il destinatario, come cucinare una cena, fare le pulizie o fare giardinaggio. Questo tipo di regalo può essere particolarmente significativo se il destinatario è una persona anziana o ha bisogno di assistenza per fare qualcosa.

Infine, considera di regalare esperienze invece di oggetti materiali. Ad esempio, potresti regalare un voucher per una cena in un ristorante di lusso, un biglietto per un concerto o un'escursione in montagna. Questo tipo di regalo può essere particolarmente apprezzato da coloro che preferiscono creare ricordi e esperienze piuttosto che avere oggetti materiali. Inoltre, potresti anche risparmiare denaro acquistando esperienze in offerta o tramite siti di coupon come Groupon o LivingSocial.

Tuttavia, quando si tratta di risparmiare sui regali, è importante non perdere di vista l'importanza del pensiero e della considerazione. Anche se il tuo regalo non è costoso, se dimostra che hai preso in considerazione gli interessi e le esigenze del destinatario, sarà apprezzato e significativo. Quindi, assicurati di fare la tua ricerca e di pensare attentamente al regalo che stai dando.

Inoltre, ricorda che a volte il risparmio sui regali non è l'obiettivo principale. Ci sono alcune occasioni speciali, come i matrimoni o i compleanni, in cui si desidera fare un regalo più grande e costoso per celebrare l'evento. In questi casi, è importante pianificare in anticipo e risparmiare denaro in altri aspetti della vita quotidiana per permettersi di fare un regalo speciale.

Infine, ricorda che non è necessario fare un regalo a ogni occasione. A volte, un messaggio di auguri sincero o una telefonata possono essere altrettanto significativi. Inoltre, se non sei in grado di permetterti un regalo costoso per un'occasione speciale, non aver paura di comunicarlo. La maggior parte delle persone capirà e apprezzerà ancora il fatto che tu abbia preso in considerazione l'evento.

In conclusione, ci sono molte opzioni per risparmiare sui regali e le occasioni speciali. Pianifica in anticipo, sfrutta le offerte promozionali e le carte regalo, crea regali fatti a mano o offri il tuo tempo e le tue competenze come regalo. Ricorda, tuttavia, che il pensiero e la considerazione sono i fattori più importanti quando si tratta di regali significativi.

Ridurre gli sprechi

La riduzione degli sprechi rappresenta un obiettivo di grande importanza in molti ambiti, dalla produzione industriale alla gestione dei rifiuti, dal consumo di energia alla gestione delle risorse alimentari. L'obiettivo di ridurre gli sprechi si basa sull'idea di utilizzare le risorse in modo più efficiente e sostenibile, in modo da limitare gli impatti negativi sull'ambiente e sulla società.

La riduzione degli sprechi si concentra sull'eliminazione o sulla minimizzazione degli sprechi di risorse, materiali o energia, che possono essere generati da vari processi, dalle attività quotidiane a quelle industriali. Ciò può essere ottenuto attraverso una serie di strategie, come il riciclo, la riutilizzazione, il recupero di materiali e l'adozione di pratiche di produzione più efficienti.

Inoltre, la riduzione degli sprechi non solo riduce l'impatto ambientale, ma può anche portare a benefici economici per le aziende e per la società in generale. Ridurre gli sprechi può infatti portare a una maggiore efficienza dei processi, una riduzione dei costi e una maggiore competitività sul mercato.

In sintesi, la riduzione degli sprechi rappresenta un obiettivo importante per creare un mondo più sostenibile e per garantire una gestione più efficiente delle risorse.

L'eccesso di cibo sprecato è un problema che affligge molte nazioni del mondo, causando gravi impatti ambientali ed economici. Sebbene il cibo sia una risorsa vitale, molti consumatori non sono consapevoli dell'importanza di ridurre gli sprechi di cibo. In questo paragrafo, esploreremo le diverse strategie per evitare gli sprechi di cibo e ridurre l'impatto ambientale della produzione alimentare.

In primo luogo, è importante capire perché si spreca così tanto cibo. Ci sono molte ragioni per cui ciò accade, tra cui la mancanza di pianificazione delle spese alimentari, la conservazione inadeguata dei cibi e il frazionamento dei pacchetti di cibo. Tuttavia, una delle principali cause degli sprechi di cibo è l'eccesso di prodotti alimentari acquistati rispetto alle reali esigenze.

Per evitare questo problema, si consiglia di fare una lista della spesa e pianificare accuratamente i pasti della settimana in base alle esigenze effettive della propria famiglia. In questo modo, si eviterà di acquistare cibo in eccesso e di buttare via alimenti non consumati. Inoltre, è importante tenere traccia della scadenza degli alimenti e consumarli prima che diventino non più commestibili.

Un'altra strategia efficace per ridurre gli sprechi di cibo è quello di utilizzare gli alimenti in modo creativo. Ad esempio, gli avanzi possono essere utilizzati per creare nuovi piatti o per il pranzo del giorno successivo. Inoltre, gli alimenti che stanno per scadere possono essere utilizzati per preparare zuppe, minestre o sughi per la pasta.

Inoltre, è importante prestare attenzione alla conservazione dei cibi. Spesso gli alimenti vengono conservati in modo inadeguato, causando la loro deteriorazione e la loro perdita. Per evitare questo problema, è importante conservare gli alimenti nel modo corretto, utilizzando contenitori ermetici o sacchetti per alimenti. Inoltre, è importante conservare gli alimenti nel posto giusto, ad esempio le verdure fresche vanno conservate nel cassetto del frigorifero e le spezie vanno conservate in un luogo fresco e asciutto.

Infine, è importante ridurre lo spreco di cibo anche durante la preparazione dei pasti. Ciò significa ridurre gli scarti e utilizzare ogni parte degli alimenti. Ad esempio, le bucce di frutta e verdura possono essere utilizzate per creare compost, mentre le ossa e i resti di carne possono essere utilizzati per creare brodo.

In conclusione, gli sprechi di cibo sono un problema globale che richiede un'immediata azione. Ridurre lo spreco di cibo non solo aiuta a risparmiare denaro, ma anche a preservare l'ambiente. Adottare semplici strategie, come la pianificazione della spesa, l'utilizzo creativo degli alimenti e una corretta conservazione degli stessi, può fare una grande differenza nel ridurre gli sprechi di cibo.

C'è sempre un modo per risparmiare denaro in casa, sia che si tratti di tagliare le spese di energia elettrica, ridurre i costi della spesa alimentare o trovare modi per abbassare il costo dei prodotti per la pulizia. Tuttavia, ci sono alcune strategie chiave che possono essere utilizzate per tagliare i costi in casa, senza sacrificare la qualità della vita.

Una delle prime cose che si possono fare per ridurre i costi in casa è limitare l'uso dell'energia elettrica. Ci sono molti modi per farlo, ad esempio sostituendo le vecchie lampadine con lampadine a LED a risparmio energetico, spegnendo le luci quando si esce da una stanza e riducendo l'uso di dispositivi elettronici come la televisione e il computer. Inoltre, investire in un termostato programmabile può aiutare a ridurre i costi dell'energia elettrica, consentendo di impostare la temperatura a livelli più bassi durante le ore in cui non ci si trova in casa.

Un altro modo per tagliare i costi in casa è ridurre i costi della spesa alimentare. Ci sono alcune strategie semplici che possono aiutare a ridurre i costi degli alimenti, come ad esempio evitare di fare la spesa quando si è affamati e utilizzare coupon e offerte per risparmiare sui prodotti alimentari. Inoltre, preparare i pasti a casa invece di mangiare fuori può anche aiutare a ridurre i costi della spesa alimentare, poiché è meno costoso acquistare gli ingredienti necessari per preparare i pasti a casa piuttosto che mangiare fuori.

Altri modi per ridurre i costi in casa includono l'uso di prodotti per la pulizia fatti in casa invece di prodotti per la pulizia acquistati, che possono essere costosi, e l'acquisto di prodotti in grandi quantità quando possibile, ad esempio detersivi per il bucato e prodotti per la pulizia. Inoltre, spegnere i dispositivi elettronici quando non si utilizzano e utilizzare l'energia solare per l'illuminazione esterna può anche aiutare a ridurre i costi dell'energia elettrica.

Infine, considerare l'acquisto di prodotti ricondizionati o usati può essere un modo efficace per tagliare i costi in casa. Ad esempio, l'acquisto di elettrodomestici ricondizionati può costare molto meno rispetto all'acquisto di nuovi elettrodomestici, senza sacrificare la qualità. Inoltre, l'acquisto di prodotti usati come mobili e oggetti per la casa può anche aiutare a ridurre i costi, poiché questi prodotti possono essere acquistati a prezzi molto più bassi rispetto a quelli nuovi.

In generale, ci sono molte strategie che possono essere utilizzate per tagliare i costi in casa. Tuttavia, ciò che funziona meglio per ogni individuo dipende dalle proprie esigenze e situazione finanziaria. Sperimentare con diverse strategie e monitorare i risultati può aiutare a determinare quali strategie sono più efficaci per ridurre i costi in casa.

Inoltre, è importante essere consapevoli dei propri comportamenti di spesa e cercare di limitare gli acquisti impulsivi. Impostare un budget mensile e tenerlo sotto controllo può aiutare a limitare le spese e a garantire che i soldi siano spesi in modo più intelligente. Inoltre, evitare di accumulare oggetti superflui e liberarsi di ciò che non si utilizza può anche aiutare a mantenere una casa più ordinata e a ridurre i costi a lungo termine.

Inoltre, è importante considerare l'importanza di investire in prodotti di alta qualità. Anche se questi prodotti possono costare di più inizialmente, possono durare molto più a lungo rispetto a prodotti di qualità inferiore, risparmiando denaro a lungo termine. Ad esempio, acquistare un elettrodomestico di alta qualità può costare di più inizialmente, ma può durare molti anni, risparmiando denaro sulle riparazioni o sulla sostituzione a breve termine.

Infine, ridurre l'uso dell'automobile può aiutare a risparmiare sui costi del carburante e sulla manutenzione dell'auto. Utilizzare mezzi di trasporto alternativi come la bicicletta o il trasporto pubblico può aiutare a ridurre i costi del carburante e mantenere l'auto in buone condizioni più a lungo. Inoltre, considerare l'acquisto di un'auto a basso consumo può anche aiutare a ridurre i costi del carburante.

In sintesi, ci sono molte strategie che possono essere utilizzate per tagliare i costi in casa. Dal ridurre l'uso dell'energia elettrica all'acquisto di prodotti ricondizionati o usati, ci sono molte opzioni disponibili per risparmiare denaro in casa. Tuttavia, è importante trovare le strategie che funzionano meglio per la propria situazione finanziaria e sperimentare con diverse opzioni per trovare quelle più efficaci. Con un po' di impegno e pianificazione, è possibile tagliare i costi in casa senza sacrificare la qualità della vita.

La riduzione del consumo di energia elettrica e acqua è un obiettivo importante per il benessere del pianeta e della sua popolazione. Esistono numerose tecniche e comportamenti che possono aiutare a ridurre il consumo di energia elettrica e acqua, contribuendo a preservare le risorse naturali e a ridurre l'impatto ambientale.

In primo luogo, l'efficienza energetica è un concetto chiave per ridurre il consumo di energia elettrica. Ciò significa utilizzare apparecchiature elettriche efficienti, che richiedono meno energia per svolgere la stessa funzione. Ad esempio, scegliere un frigorifero di classe energetica A++ invece di uno di classe B può comportare un risparmio energetico del 40%. Inoltre, è possibile sostituire le vecchie lampadine a incandescenza con lampadine a LED, che consumano molto meno energia.

Un altro modo per ridurre il consumo di energia elettrica è disattivare gli apparecchi elettronici quando non sono in uso. Anche gli apparecchi in standby consumano energia, quindi è importante scollegare gli apparecchi dalla presa elettrica quando non sono in uso. Ciò vale anche per il caricatore del telefono cellulare: lasciarlo collegato alla presa elettrica quando il telefono è già carico consuma energia inutilmente.

Ridurre il consumo di acqua è altrettanto importante. Ci sono diversi modi per farlo: ad esempio, è possibile installare dei rubinetti a risparmio idrico, che riducono il flusso di acqua senza compromettere la pressione dell'acqua. Inoltre, è possibile scegliere una doccia invece di una vasca da bagno, poiché la doccia consuma meno acqua.

Un'altra strategia per ridurre il consumo di acqua è riparare immediatamente eventuali perdite. Anche una piccola perdita può comportare un notevole spreco di acqua nel corso del tempo, quindi è importante riparare eventuali perdite il prima possibile. È anche utile raccogliere l'acqua piovana per irrigare le piante o per usi domestici non potabili, come lavare il pavimento o i vestiti.

Inoltre, è importante adottare un comportamento responsabile quando si utilizza l'acqua. Ad esempio, è possibile ridurre la quantità di acqua utilizzata per lavarsi i denti semplicemente chiudendo il rubinetto quando non si sta utilizzando l'acqua. È anche importante utilizzare la lavatrice e la lavastoviglie solo quando sono completamente cariche, in modo da evitare di utilizzare acqua e energia elettrica inutilmente.

Infine, un modo per ridurre il consumo di energia e acqua è quello di adottare un approccio globale alla riduzione dei rifiuti. Ciò significa ridurre il consumo di prodotti inutili o superflui, riparare e riutilizzare gli oggetti invece di gettarli via, e riciclare correttamente i materiali. In questo modo, si riduce la quantità complessiva di risorse utilizzate, compresa l'energia e l'acqua necessarie per la produzione di nuovi prodotti.

In conclusione, la riduzione del consumo di energia e acqua è un obiettivo importante per proteggere l'ambiente e promuovere uno stile di vita sostenibile. Ci sono molte azioni che possiamo adottare per ridurre il nostro impatto sull'ambiente, come l'utilizzo di apparecchiature elettriche efficienti, la disattivazione degli apparecchi in standby, l'installazione di rubinetti a risparmio idrico, la riparazione immediata delle perdite e l'adozione di un comportamento responsabile nell'utilizzo dell'acqua. Inoltre, un approccio globale alla riduzione dei rifiuti può contribuire a ridurre la quantità complessiva di risorse utilizzate, compresa l'energia e l'acqua. Questi piccoli cambiamenti possono fare una grande differenza nel lungo termine per preservare le risorse naturali e promuovere un futuro sostenibile per tutti.

Risparmiare denaro in casa

Risparmiare denaro in casa è un'attività importante per molte persone, specialmente in tempi di incertezza economica come quelli attuali. Ci sono molte strategie che possono aiutare a risparmiare denaro senza dover necessariamente sacrificare lo stile di vita o il comfort domestico.

Una delle prime cose che si possono fare per risparmiare denaro in casa è ridurre i costi energetici. Ciò può essere fatto in molti modi, come ad esempio spegnendo le luci quando non si è in una stanza, utilizzando lampade a LED a basso consumo energetico, riducendo la temperatura del termostato durante i mesi invernali e utilizzando ventilatori invece di aria condizionata durante l'estate. Ridurre i costi energetici può anche comportare l'installazione di pannelli solari sul tetto della propria casa, se possibile.

Un'altra strategia utile è ridurre il costo degli acquisti domestici. Ciò può essere fatto acquistando prodotti in grandi quantità o durante le vendite, utilizzando buoni sconto o cercando prodotti a prezzi scontati online. Inoltre, si può considerare l'utilizzo di prodotti usati invece di nuovi, specialmente per articoli costosi come mobili o elettrodomestici.

Inoltre, un modo per risparmiare denaro in casa può essere quello di evitare cattive abitudini finanziarie, come ad esempio evitare l'utilizzo di carte di credito o prestiti, evitare spese superflue e cercare di mantenere un budget equilibrato. Anche la preparazione dei pasti a casa e la riduzione dei costi del cibo possono essere utili per risparmiare denaro.

Infine, è possibile risparmiare denaro in casa cercando di ridurre le spese di intrattenimento. Ciò può essere fatto attraverso l'organizzazione di serate a casa, guardando film gratuiti online invece di pagare per il servizio di streaming, o scegliendo attività meno costose come passeggiate all'aria aperta o visite a musei gratuiti.

In sintesi, esistono molte strategie utili per risparmiare denaro in casa, dalle abitudini quotidiane ai grandi acquisti. Ridurre i costi energetici, acquistare prodotti a prezzi scontati, evitare cattive abitudini finanziarie, preparare pasti a casa e ridurre le spese di intrattenimento possono tutti essere modi efficaci per risparmiare denaro in casa.

La pulizia e la manutenzione sono due attività essenziali per il mantenimento della casa o dell'ufficio. Tuttavia, possono essere costose e richiedono un notevole impegno fisico. Ecco alcuni suggerimenti per risparmiare sui servizi di pulizia e manutenzione:

Organizzati

Mantenere la casa o l'ufficio ordinati può ridurre notevolmente la necessità di servizi di pulizia e manutenzione professionale. Assicurati di riporre gli oggetti al loro posto, di eliminare regolarmente la spazzatura e di pulire immediatamente eventuali macchie o aloni.

Pulisci con prodotti naturali

Acquista prodotti per la pulizia fatti in casa o naturali, come acido citrico, bicarbonato di sodio, aceto bianco o succo di limone. Questi prodotti sono economici e non danneggiano l'ambiente, ma sono altrettanto efficaci dei prodotti per la pulizia commerciali.

Usa strumenti di pulizia riutilizzabili

Acquista panni, spugne e mop riutilizzabili anziché utilizzare prodotti usa e getta. In questo modo, non solo risparmierai denaro, ma contribuirai anche a ridurre i rifiuti.

Fai la manutenzione regolare degli elettrodomestici

Effettua regolarmente la manutenzione degli elettrodomestici come lavatrici, lavastoviglie e condizionatori d'aria. In questo modo, sarai in grado di rilevare eventuali problemi prima che diventino seri, evitando così costosi interventi di riparazione o sostituzione.

Fai le riparazioni tu stesso

Impara a fare le riparazioni di base da solo, come cambiare una lampadina o riparare una perdita d'acqua. Ci sono molti tutorial online che possono aiutarti a fare queste cose senza la necessità di assumere un professionista.

Chiedi l'aiuto degli amici e della famiglia

Chiedi ai tuoi amici o familiari se sono disponibili ad aiutarti con la pulizia o la manutenzione. In questo modo, non solo risparmierai denaro, ma potrai anche godere di un'esperienza sociale positiva.

Fai le pulizie di gruppo

Organizza una giornata di pulizia di gruppo con i tuoi coinquilini o colleghi. In questo modo, potrete dividersi i compiti e risparmiare denaro assumendo un professionista.

Acquista in grandi quantità

Acquista prodotti per la pulizia e la manutenzione in grandi quantità quando sono in offerta. In questo modo, risparmierai denaro a lungo termine e avrai sempre a disposizione ciò di cui hai bisogno.

Negozia i prezzi con i professionisti

Se decidi di assumere un professionista per la pulizia o la manutenzione, negozia il prezzo. Molti professionisti sono disposti a ridurre i prezzi se lavorano per te regolarmente o se hai una grande casa o ufficio.

Scegli un servizio di pulizia flessibile

Se hai bisogno di un servizio di pulizia o manutenzione, scegli un'opzione flessibile che ti permetta di personalizzare il pacchetto in base alle tue esigenze. In questo modo, non pagherai per servizi che non ti servono e risparmierai denaro. Ad esempio, potresti optare per un servizio di pulizia una volta alla settimana invece che ogni giorno, o scegliere solo la pulizia di alcune aree specifiche della casa o dell'ufficio. Verifica inoltre che il servizio di pulizia abbia una politica di garanzia soddisfatti o rimborsati, in modo da poter richiedere un rimborso se non sei soddisfatto del lavoro svolto.

Usa la tecnologia per risparmiare energia

Installare dispositivi tecnologici come termostati programmabili, lampade a LED e sistemi di irrigazione automatizzati può aiutare a ridurre i costi energetici e il consumo di acqua.

Fai il tuo giardinaggio

Fare il proprio giardinaggio può essere un'attività rilassante e soddisfacente, ma può anche aiutare a risparmiare sui costi di manutenzione del giardino. Acquista semi e piante in vaso a buon mercato e impara a coltivarli da solo.

Utilizza i materiali di scarto per i progetti di bricolage

Recuperare materiali di scarto come legno e metallo può essere una buona fonte di materiale per i progetti di bricolage. Puoi costruire scaffali, mobili e oggetti decorativi senza spendere troppo denaro.

Usa prodotti di seconda mano

Acquista prodotti di seconda mano per la pulizia e la manutenzione, come aspirapolvere, utensili da giardino e attrezzi da cucina. In questo modo, potrai risparmiare denaro senza sacrificare la qualità.

Crea un programma di manutenzione preventiva

Crea un programma di manutenzione preventiva per la casa o l'ufficio, in modo da poter monitorare regolarmente lo stato degli impianti idraulici, degli elettrodomestici e delle superfici. In questo modo, potrai rilevare eventuali problemi prima che diventino seri, evitando costosi interventi di riparazione.

In conclusione, ci sono molti modi per risparmiare sui servizi di pulizia e manutenzione. Organizzarsi, utilizzare prodotti naturali, fare le riparazioni da soli e negoziare i prezzi con i professionisti sono solo alcune delle tattiche che possono essere utilizzate. Ricorda che un po' di impegno e creatività possono aiutare a ridurre i costi senza sacrificare la qualità del lavoro svolto.

In un'epoca in cui l'intrattenimento in casa sta diventando sempre più popolare, è importante imparare a gestire le spese in modo oculato per non trovarsi in difficoltà finanziarie. Ci sono molte strategie per ridurre le spese per l'intrattenimento in casa, molte delle quali sono semplici e facili da implementare.

In primo luogo, è importante guardare attentamente i costi delle abbonamenti di servizi di streaming e canali televisivi. Molte persone hanno abbonamenti a più servizi di streaming di cui non usufruiscono completamente o che potrebbero essere sostituiti da opzioni più economiche. Inoltre, ci sono spesso opzioni per abbonamenti condivisi o pacchetti multipli che possono ridurre il costo complessivo dell'intrattenimento in casa.

In secondo luogo, considerare l'utilizzo di servizi di streaming gratuiti, come YouTube, che offrono una vasta gamma di contenuti per tutti i gusti. Sebbene i servizi di streaming a pagamento offrano di solito più opzioni e contenuti di alta qualità, ci sono ancora molte opzioni di intrattenimento gratuito disponibili online.

In terzo luogo, si può pensare di acquistare giochi da tavolo, puzzle e altri oggetti di intrattenimento che possono essere riutilizzati molte volte e offrono un'esperienza di intrattenimento di gruppo. Questi oggetti sono spesso meno costosi rispetto ai giochi elettronici o ai film in DVD, e offrono un'esperienza di intrattenimento più interattiva e sociale.

In quarto luogo, considerare l'utilizzo di servizi di prestito e scambio come le biblioteche o gruppi online. Questi servizi possono fornire l'accesso a una vasta gamma di contenuti, come libri, DVD e giochi, senza dover acquistare ogni volta nuovi prodotti. Inoltre, questi servizi spesso offrono l'opportunità di provare nuovi contenuti senza doverli acquistare.

In quinto luogo, si può pensare di organizzare attività di intrattenimento fai-da-te come la cottura, la pittura o la creazione di oggetti a mano. Queste attività sono spesso molto economiche e offrono un'esperienza di intrattenimento che può essere condivisa con amici e familiari.

In sesto luogo, cercare offerte e promozioni per l'intrattenimento in casa. Molte piattaforme di streaming offrono promozioni per nuovi clienti o sconti stagionali che possono ridurre significativamente i costi complessivi. Inoltre, i rivenditori di prodotti di intrattenimento, come i giochi da tavolo e i DVD, spesso offrono sconti e promozioni che possono essere sfruttati.

In settimo luogo, cercare di limitare l'uso di servizi di intrattenimento costosi, come i giochi elettronici o i film in DVD, a occasioni speciali o a eventi di intrattenimento condivisi con amici e familiari. Questo può aiutare a ridurre i costi complessivi dell'intrattenimento in casa e permettere di risparmiare denaro per altre necessità.

In conclusione, ci sono molte strategie che possono essere adottate per ridurre le spese per l'intrattenimento in casa. Ognuna di queste strategie può essere adattata alle proprie esigenze e al proprio stile di vita. L'importante è trovare un equilibrio tra le proprie esigenze di intrattenimento e la gestione delle spese in modo oculato.

Un'altra strategia che può essere adottata per ridurre le spese per l'intrattenimento in casa è quella di organizzare attività all'aperto, come camminate, picnic o gite in bicicletta. Queste attività non solo sono economiche, ma offrono anche l'opportunità di godere dell'aria aperta e di mantenere uno stile di vita attivo e sano.

Un'altra opzione è quella di partecipare a eventi culturali e artistici locali, come mostre d'arte, spettacoli teatrali o concerti. Molti di questi eventi sono gratuiti o hanno un costo molto basso, offrendo l'opportunità di godere di un'esperienza culturale unica senza spendere una fortuna.

Inoltre, considerare la possibilità di utilizzare le risorse già disponibili a casa, come una biblioteca di film e musica già acquisita, per creare un'esperienza di intrattenimento personalizzata. Questo non solo ridurrà i costi complessivi dell'intrattenimento in casa, ma offrirà anche l'opportunità di riscoprire vecchi film e album che potrebbero essere stati dimenticati.

Infine, cercare di evitare le tentazioni dell'acquisto impulsivo, come acquistare giochi o DVD appena usciti, o di acquistare l'ultimo modello di un prodotto di intrattenimento. Invece, cercare di fare acquisti in modo oculato e di valutare attentamente le opzioni disponibili prima di effettuare un acquisto.

In sintesi, ci sono molte strategie per ridurre le spese per l'intrattenimento in casa. Queste strategie possono essere adattate alle proprie esigenze e al proprio stile di vita, e possono aiutare a gestire le spese in modo oculato senza compromettere la qualità dell'esperienza di intrattenimento. In un mondo sempre più orientato verso l'intrattenimento digitale, è importante ricordare che ci sono molte opzioni di intrattenimento disponibili che non richiedono un grande investimento economico e che possono offrire un'esperienza unica e gratificante.

Il telefono e l'Internet sono diventati essenziali nella vita di tutti i giorni, ma spesso le bollette relative a questi servizi possono essere molto costose. Fortunatamente, ci sono diversi modi per risparmiare denaro su queste bollette e ridurre i costi mensili.

Innanzitutto, è importante capire quale tipo di servizi si utilizzano effettivamente e quanti di questi servizi sono effettivamente necessari. Ad esempio, se si ha un piano telefonico che offre chiamate e messaggi di testo illimitati, ma si utilizzano solo occasionalmente, si potrebbe risparmiare scegliendo un piano che si adatta maggiormente alle proprie esigenze. Allo stesso modo, se si ha una connessione Internet ad alta velocità ma non si utilizzano applicazioni che richiedono molta larghezza di banda, come lo streaming di video o i giochi online, si potrebbe optare per una connessione meno costosa.

Inoltre, è possibile risparmiare sui costi dell'Internet scegliendo un provider di servizi diverso. Prima di scegliere un provider, è importante controllare i prezzi e le offerte disponibili, nonché la velocità di connessione e la qualità del servizio. È anche possibile negoziare con il proprio provider per ottenere una tariffa più bassa, specialmente se si è un cliente fedele o si ha intenzione di sottoscrivere un contratto a lungo termine.

Un'altra opzione per risparmiare sulle bollette del telefono e dell'Internet è quella di combinare i servizi. Molti provider offrono pacchetti che combinano servizi di telefonia e Internet a un prezzo scontato. In questo modo si possono risparmiare soldi e semplificare la gestione delle bollette. Tuttavia, prima di sottoscrivere un pacchetto combinato, è importante controllare i prezzi dei singoli servizi per assicurarsi che si sta effettivamente risparmiando denaro.

Inoltre, molte aziende offrono programmi di fedeltà o di riferimento che premiano i clienti per la loro lealtà o per aver portato nuovi clienti all'azienda. Questi programmi possono offrire sconti sui servizi o altre ricompense, come carte regalo o punti fedeltà che possono essere riscattati per prodotti o servizi gratuiti.

È importante verificare se il proprio provider offre un programma di questo tipo e come partecipare.

Infine, è possibile risparmiare sulle bollette del telefono e dell'Internet riducendo il consumo di dati. Ad esempio, si può utilizzare il Wi-Fi invece del 4G quando si è a casa o in ufficio, disattivare le notifiche delle app che non sono necessarie e ridurre il tempo trascorso sui social media o a guardare video online. In questo modo si possono evitare addebiti aggiuntivi per il superamento dei limiti di dati mensili e ridurre il costo totale della bolletta.

In generale, ci sono molte opzioni per risparmiare sulle bollette del telefono e dell'Internet, dal ridurre il consumo di dati alla scelta di un provider diverso o alla combinazione dei servizi. Tuttavia, è importante prestare attenzione alle condizioni dei contratti e alle politiche di cancellazione prima di apportare qualsiasi cambiamento. Inoltre, è importante tenere d'occhio le proprie bollette e controllare eventuali addebiti imprevisti o errori.

Una pratica utile per tenere sotto controllo le bollette del telefono e dell'Internet è quella di creare un budget mensile e di monitorare le spese. Ci sono anche diverse app e strumenti online che possono aiutare a tenere traccia dei costi e delle spese, permettendo di identificare le aree in cui è possibile risparmiare. Inoltre, molte aziende offrono strumenti di controllo del consumo di dati e chiamate, che possono aiutare a evitare addebiti imprevisti.

In alcuni casi, è possibile anche risparmiare sulle bollette del telefono e dell'Internet mediante l'utilizzo di servizi gratuiti o a basso costo. Ad esempio, esistono molte app di messaggistica e di chiamata gratuite che consentono di comunicare con gli amici e la famiglia in tutto il mondo. Inoltre, ci sono diverse opzioni di connessione Internet a basso costo, come il servizio di base offerto dalle biblioteche o i servizi di hotspot Wi-Fi pubblici.

In conclusione, ci sono molti modi per risparmiare sulle bollette del telefono e dell'Internet, ma è importante prendersi il tempo necessario per valutare le proprie esigenze e le opzioni disponibili. Dal ridurre il consumo di dati alla scelta di un provider diverso, passando per la combinazione dei servizi e l'utilizzo di app gratuite, ogni piccolo passo può fare la differenza nella riduzione dei costi mensili. Con un po' di pianificazione e di attenzione, è possibile risparmiare denaro e godersi al meglio i servizi di telefono e Internet.

CAPITOLO 3

Strumenti di risparmio

Gli strumenti di risparmio sono gli strumenti finanziari che consentono di mettere da parte i propri soldi per il futuro. Questi strumenti possono includere conti bancari, conti di deposito, obbligazioni, azioni, fondi comuni di investimento, polizze assicurative, immobili e molti altri ancora.

Il loro scopo principale è quello di consentire ai risparmiatori di accumulare denaro nel tempo, guadagnando interessi o rendimenti sui loro investimenti. Inoltre, questi strumenti possono offrire anche benefici fiscali e di protezione contro l'inflazione.

Per scegliere lo strumento di risparmio più adatto alle proprie esigenze, è necessario valutare diversi fattori, tra cui il proprio obiettivo di risparmio, il proprio orizzonte temporale, il livello di rischio che si è disposti a sopportare, i tassi di interesse e i costi associati all'investimento.

In generale, gli strumenti di risparmio a breve termine, come i conti di deposito, sono più adatti per obiettivi di risparmio a breve termine, mentre gli strumenti di risparmio a lungo termine, come le azioni o le obbligazioni, sono più adatti per obiettivi di risparmio a lungo termine. In ogni caso, è importante consultare un consulente finanziario professionista prima di effettuare qualsiasi investimento finanziario.

Conti di risparmio ad alto rendimento

I conti di risparmio ad alto rendimento sono conti bancari che offrono un tasso di interesse più elevato rispetto ai conti di risparmio tradizionali. Questi conti di solito richiedono un deposito iniziale più elevato rispetto ai conti di risparmio standard, ma in cambio offrono un tasso di interesse più alto. Inoltre, i conti di risparmio ad alto rendimento possono avere altre restrizioni, come limitazioni sui prelievi o una penalità per il prelievo anticipato.

I conti di risparmio ad alto rendimento sono spesso offerti da banche online o istituti finanziari che non hanno filiali fisiche, ma possono anche essere offerti da banche tradizionali. Questi conti possono essere utili per coloro che desiderano guadagnare un po' di interesse extra sui loro risparmi senza rischiare troppo denaro. Tuttavia, è importante fare attenzione ai requisiti e alle restrizioni del conto prima di aprire un conto di risparmio ad alto rendimento, in modo da comprendere completamente come funziona il conto e come il tasso di interesse può essere influenzato da vari fattori.

Scegliere il conto di risparmio giusto può essere una decisione importante per le finanze personali di ogni individuo. Ci sono diversi fattori da considerare prima di decidere quale sia il conto di risparmio giusto per te. In questo articolo, esploreremo alcuni dei fattori più importanti che dovresti considerare quando scegli il conto di risparmio giusto per le tue esigenze.

Il primo fattore da considerare è il tasso di interesse offerto dal conto di risparmio. Questo è uno dei fattori più importanti da considerare quando si sceglie un conto di risparmio, in quanto il tasso di interesse determina quanto guadagnerai sui tuoi risparmi. Ad esempio, se hai un conto di risparmio con un tasso di interesse dell'1%, guadagnerai $1 all'anno per ogni $100 che depositi sul conto. D'altra parte, se hai un conto di risparmio con un tasso di interesse dell'1,5%, guadagnerai $1,50 all'anno per ogni $100 che depositi sul conto. Quindi, scegliere un conto di risparmio con un tasso di interesse più elevato può significare guadagnare di più sui tuoi risparmi.

Il secondo fattore da considerare è il livello di liquidità del conto di risparmio. Se hai bisogno di accedere ai tuoi risparmi in qualsiasi momento, allora un conto di risparmio altamente liquido potrebbe essere la scelta giusta per te. I conti di risparmio ad alto livello di liquidità sono quelli che permettono di prelevare denaro in qualsiasi momento senza penali o costi aggiuntivi. Tuttavia, questi conti di solito offrono un tasso di interesse inferiore rispetto ai conti di risparmio meno liquidi, quindi dovresti bilanciare il livello di liquidità del conto con il tasso di interesse offerto.

Il terzo fattore da considerare è la flessibilità del conto di risparmio. Alcuni conti di risparmio possono avere limiti sul numero di prelievi che è possibile effettuare in un determinato periodo di tempo. Questo può essere un problema se hai bisogno di accedere ai tuoi risparmi regolarmente. Inoltre, alcuni conti di risparmio possono richiedere un saldo minimo o una determinata attività sul conto per evitare commissioni o penalità. Prima di scegliere un conto di risparmio, assicurati di capire le restrizioni e i requisiti associati al conto.

Il quarto fattore da considerare è la sicurezza del conto di risparmio. I conti di risparmio sono generalmente considerati un modo sicuro per conservare i propri risparmi, ma è importante scegliere una banca o un'istituzione finanziaria affidabile per aprire il proprio conto di risparmio. Controlla le recensioni online, verifica la solvibilità dell'istituto di credito e assicurati che il conto di risparmio che stai scegliendo sia assicurato dal governo federale o statale. In caso di fallimento dell'istituto di credito, l'assicurazione governativa potrebbe garantire la protezione dei tuoi risparmi fino a una certa quantità.

Il quinto fattore da considerare è la facilità di gestione del conto di risparmio. Alcune banche offrono la possibilità di gestire il proprio conto di risparmio online, attraverso applicazioni per smartphone o tramite sportelli automatici. Questo può rendere più facile e conveniente gestire i propri risparmi e tenere traccia dei movimenti del conto. Assicurati di scegliere un conto di risparmio che sia gestito in modo conveniente per te e che abbia opzioni di accesso e gestione adatte alle tue esigenze.

Il sesto fattore da considerare è la disponibilità di servizi aggiuntivi. Alcune banche possono offrire servizi aggiuntivi come piani di investimento, piani di pensionamento, carte di credito o altri servizi bancari. Se sei interessato a utilizzare tali servizi, potresti voler considerare un conto di risparmio offerto da una banca che offre anche questi servizi.

Infine, è importante valutare le commissioni e le spese associate al conto di risparmio. Alcune banche possono addebitare commissioni per il mantenimento del conto, per i prelievi o per altre attività legate al conto di risparmio. Verifica attentamente le commissioni e le spese associate al conto di risparmio che stai considerando, in modo da evitare spiacevoli sorprese in futuro.

In conclusione, scegliere il conto di risparmio giusto dipende dalle tue esigenze e dalle tue priorità finanziarie. È importante considerare il tasso di interesse offerto, il livello di liquidità, la flessibilità, la sicurezza, la facilità di gestione, i servizi aggiuntivi e le commissioni associate al conto di risparmio che stai considerando. Prima di prendere una decisione, valuta attentamente tutti questi fattori e scegli il conto di risparmio che meglio si adatta alle tue esigenze finanziarie.

I conti di risparmio sono uno strumento importante per coloro che cercano di ottenere un rendimento sui propri risparmi, senza assumere troppi rischi. Tuttavia, per massimizzare il proprio rendimento, è necessario avere una conoscenza approfondita delle caratteristiche dei conti di risparmio e delle strategie di gestione.

Innanzitutto, è importante scegliere un conto di risparmio che offra un tasso di interesse competitivo. Ci sono molte opzioni disponibili sul mercato, quindi è importante fare ricerche e confrontare i tassi di interesse offerti da diverse banche e istituti finanziari. Tuttavia, il tasso di interesse non è l'unica cosa da considerare. Alcune banche potrebbero addebitare commissioni nascoste o richiedere un deposito minimo elevato per aprire un conto di risparmio, quindi è importante leggere attentamente i termini e le condizioni.

In secondo luogo, per massimizzare il rendimento, è importante pianificare il momento in cui si effettuano i depositi. Molte banche offrono un tasso di interesse più elevato se si effettuano depositi regolari o se si mantiene un saldo minimo elevato. Pertanto, pianificare i depositi in modo da sfruttare queste offerte può aumentare il rendimento complessivo.

In terzo luogo, è importante considerare la liquidità del conto di risparmio. Sebbene i conti di risparmio offrano un rendimento superiore rispetto ai conti correnti, possono essere meno liquidi. Alcune banche potrebbero imporre limiti sui prelievi o richiedere un preavviso prima di effettuare un prelievo. Pertanto, se si prevede di avere bisogno dei propri fondi a breve termine, è importante scegliere un conto di risparmio che offra un buon equilibrio tra rendimento e liquidità.

In quarto luogo, è importante considerare le spese accessorie associate al conto di risparmio. Alcune banche potrebbero addebitare commissioni per il trasferimento di fondi o per l'utilizzo di servizi aggiuntivi, come il controllo del saldo online o la stampa di estratti conto cartacei. Queste spese possono ridurre il rendimento complessivo del conto di risparmio, quindi è importante leggere attentamente i termini e le condizioni e scegliere un conto di risparmio con spese accessorie limitate.

Infine, per massimizzare il rendimento, è importante valutare la possibilità di aprire più conti di risparmio. Alcune banche offrono tassi di interesse più elevati per i conti di risparmio a lungo termine o per i conti di risparmio destinati a scopi specifici, come il risparmio per l'istruzione o l'acquisto di una casa. Aprire più conti di risparmio può quindi consentire di sfruttare queste offerte e massimizzare il rendimento complessivo.

In sintesi, per massimizzare il proprio rendimento con i conti di risparmio, è importante scegliere un conto con un tasso di interesse competitivo e senza spese accessorie nascoste, pianificare i depositi in modo da sfruttare le offerte sulle commissioni o sui saldi minimi, valutare la liquidità del conto e considerare la possibilità di aprire più conti di risparmio. Inoltre, è importante mantenere una gestione attiva del proprio conto di risparmio, monitorando regolarmente il saldo e il tasso di interesse offerto dalla banca. Se il tasso di interesse offerto scende, è possibile considerare il trasferimento del proprio denaro in un conto di risparmio con un tasso di interesse più elevato.

Inoltre, è importante considerare altre opzioni di investimento, come i conti deposito o i fondi comuni di investimento, se si desidera ottenere un rendimento più elevato. Tuttavia, è importante valutare i rischi associati a questi strumenti di investimento e scegliere quelli che sono in linea con i propri obiettivi di investimento e il proprio profilo di rischio.

Infine, per massimizzare il rendimento, è importante tenere presente che i conti di risparmio sono solo uno strumento di investimento a basso rischio. Per ottenere un rendimento più elevato, potrebbe essere necessario assumere più rischi, ad esempio investendo in azioni o obbligazioni. Tuttavia, è importante essere consapevoli dei rischi associati a queste opzioni di investimento e adottare una strategia di gestione del rischio adeguata.

In conclusione, i conti di risparmio possono essere uno strumento utile per coloro che cercano di ottenere un rendimento sui propri risparmi senza assumere troppi rischi. Per massimizzare il proprio rendimento, è importante scegliere un conto di risparmio con un tasso di interesse competitivo, senza spese accessorie nascoste e con buona liquidità. Inoltre, pianificare i depositi in modo strategico, valutare la possibilità di aprire più conti di risparmio e monitorare regolarmente il saldo e il tasso di interesse offerto sono altre strategie utili per massimizzare il rendimento del proprio conto di risparmio.

Come investire in modo intelligente

Investire in modo intelligente significa fare scelte consapevoli basate su una buona comprensione del mercato finanziario e dei propri obiettivi finanziari. Prima di investire, è importante avere una pianificazione finanziaria chiara e ben definita che consideri le proprie esigenze e il proprio livello di tolleranza al rischio.

Ci sono diverse opzioni di investimento disponibili, come azioni, obbligazioni, fondi comuni di investimento, ETF e molti altri. Ognuna di queste opzioni ha i propri vantaggi e rischi. Per esempio, le azioni possono offrire grandi profitti ma sono anche più rischiose rispetto alle obbligazioni.

Inoltre, è importante diversificare il proprio portafoglio di investimenti, ovvero investire in più di una classe di asset (ad esempio azioni, obbligazioni e immobili) e distribuire il proprio denaro tra diverse aziende o settori. Questo aiuta a ridurre il rischio complessivo del portafoglio.

Infine, per investire in modo intelligente, è importante rimanere informati e aggiornati sulle tendenze del mercato e sulle prestazioni dei propri investimenti. Ci sono diverse fonti di informazione disponibili, come i giornali finanziari, le riviste specializzate e le applicazioni per dispositivi mobili che forniscono dati in tempo reale.

In sintesi, per investire in modo intelligente è necessario pianificare attentamente, diversificare il portafoglio di investimenti e rimanere informati sulle tendenze del mercato finanziario.

Investire in modo sicuro e a basso costo è un obiettivo ambizioso che richiede una buona dose di conoscenza, pazienza e disciplina. Ci sono molte opzioni disponibili per gli investitori che desiderano mettere il proprio denaro al lavoro, ma alcune sono più sicure e convenienti di altre.

In primo luogo, è importante distinguere tra investimenti a breve e a lungo termine. Gli investimenti a breve termine, come i conti di risparmio, i certificati di deposito e i fondi del mercato monetario, sono generalmente più sicuri e meno volatili degli investimenti a lungo termine come le azioni e i fondi comuni di investimento. Tuttavia, i rendimenti sui titoli a breve termine tendono ad essere più bassi rispetto agli investimenti a lungo termine.

Per gli investitori che desiderano un equilibrio tra sicurezza e redditività, i fondi indicizzati possono essere una buona opzione. Questi fondi seguono l'andamento di un indice di mercato, come l'S&P 500, e hanno costi di gestione molto bassi rispetto ai fondi attivi gestiti da un team di investimento. I fondi indicizzati offrono un'ampia diversificazione, poiché investono in diverse azioni all'interno dell'indice di riferimento, riducendo il rischio di una singola azione che incide pesantemente sul portafoglio.

Inoltre, per investire in modo sicuro e a basso costo, è importante ridurre al minimo le commissioni e le spese di transazione. Gli investitori dovrebbero cercare broker online con commissioni basse o nessuna commissione per l'acquisto di azioni e fondi. Inoltre, è importante evitare di acquistare e vendere frequentemente, poiché le commissioni e le spese di transazione possono rapidamente erodere i rendimenti.

Una strategia di investimento a basso costo e diversificata potrebbe includere una combinazione di fondi indicizzati a lungo termine e obbligazioni a breve termine. Gli investitori dovrebbero scegliere un mix di asset che rifletta il proprio orizzonte temporale e il livello di rischio che sono disposti ad assumere. Ad esempio, un investitore giovane con un orizzonte temporale di 20 anni potrebbe essere disposto ad assumere un maggiore rischio investendo in fondi azionari, mentre un investitore anziano con un orizzonte temporale più breve potrebbe preferire obbligazioni a breve termine.

Infine, gli investitori dovrebbero sempre tenere d'occhio le proprie performance e le proprie spese. I portafogli dovrebbero essere regolarmente rivalutati per assicurarsi che siano in linea con gli obiettivi di investimento a lungo termine dell'investitore. Inoltre, gli investitori dovrebbero cercare di minimizzare le spese fiscali investendo in titoli a lungo termine e utilizzando conti di investimento con vantaggi fiscali come IRA o 401(k).

In sintesi, investire in modo sicuro e a basso costo richiede una pianificazione attenta e una buona dose di conoscenza del mercato. Gli investitori dovrebbero cercare di equilibrare la sicurezza degli investimenti a breve termine con la redditività degli investimenti a lungo termine, scegliendo fondi indicizzati e obbligazioni a breve termine come strumenti per costruire un portafoglio diversificato. Inoltre, è importante minimizzare le commissioni e le spese di transazione, evitando di acquistare e vendere frequentemente e utilizzando broker online con commissioni basse o nessuna commissione. Infine, gli investitori dovrebbero monitorare regolarmente le proprie performance e le proprie spese, rivalutando i propri portafogli per assicurarsi di essere in linea con i propri obiettivi di investimento a lungo termine e minimizzando le spese fiscali utilizzando conti di investimento con vantaggi fiscali.

Tuttavia, è importante notare che anche investire in modo sicuro e a basso costo comporta ancora un certo livello di rischio. Gli investimenti sono soggetti alle fluttuazioni del mercato, quindi gli investitori dovrebbero essere pronti a sopportare periodi di volatilità e a resistere alla tentazione di vendere in risposta a fluttuazioni a breve termine del mercato. Inoltre, gli investitori dovrebbero sempre fare la propria ricerca e prendere decisioni di investimento informate, utilizzando fonti affidabili e consultando professionisti finanziari qualificati se necessario.

In definitiva, investire in modo sicuro e a basso costo è possibile, ma richiede un'attenzione costante e una pianificazione attenta. Gli investitori dovrebbero cercare di trovare un equilibrio tra sicurezza e redditività, minimizzando le commissioni e le spese di transazione e monitorando regolarmente le proprie performance e le proprie spese. Con una strategia di investimento disciplinata e informata, gli investitori possono costruire un portafoglio a lungo termine che soddisfi i loro obiettivi finanziari.

La diversificazione del portafoglio di investimenti è un concetto fondamentale per ogni investitore. Essa si basa sulla diffusione del rischio, ovvero sull'investimento di capitali in diverse attività finanziarie allo scopo di minimizzare il rischio di perdita totale. In altre parole, la diversificazione è una strategia di investimento che mira a ridurre la volatilità e a garantire una maggiore stabilità a lungo termine.

Per comprendere appieno il significato di diversificazione del portafoglio, è necessario analizzare alcuni elementi chiave. In primo luogo, è importante comprendere che ogni attività finanziaria presenta un livello di rischio specifico. Ad esempio, gli investimenti in azioni possono essere molto volatili e presentare un rischio elevato, mentre i titoli di Stato sono generalmente meno rischiosi ma offrono rendimenti inferiori. In secondo luogo, è essenziale considerare il concetto di correlazione tra le attività finanziarie. La correlazione indica il grado di dipendenza tra due o più asset. In altre parole, quando un'attività finanziaria si muove in una determinata direzione, altre attività finanziarie potrebbero seguire la stessa tendenza.

Una corretta diversificazione del portafoglio deve tenere conto di entrambi questi elementi. Per ridurre il rischio di perdita totale, è importante investire in diverse attività finanziarie che presentino bassa correlazione tra di loro. In questo modo, se un'attività finanziaria subisce una perdita, le altre attività finanziarie del portafoglio potrebbero compensare tale perdita, riducendo l'impatto complessivo sul rendimento del portafoglio.

La diversificazione del portafoglio può essere effettuata in diverse modalità. Ad esempio, gli investitori possono scegliere di investire in diversi settori economici o in diverse tipologie di asset. Una strategia di diversificazione comune consiste nell'investire in una combinazione di azioni, obbligazioni e fondi comuni di investimento. Inoltre, gli investitori possono anche diversificare il portafoglio a livello geografico, investendo in diverse economie e mercati.

Tuttavia, è importante sottolineare che la diversificazione del portafoglio non garantisce la completa eliminazione del rischio. Anche con una corretta diversificazione, gli investimenti potrebbero subire perdite, ad esempio a causa di eventi economici o politici imprevisti. Inoltre, la diversificazione del portafoglio richiede una costante monitoraggio e revisione per adattarsi alle mutevoli condizioni di mercato.

Un aspetto importante da considerare nella diversificazione del portafoglio è la gestione del rischio valutario. Gli investitori che investono in attività finanziarie denominate in valute diverse dalla propria valuta nazionale sono esposti al rischio valutario. La fluttuazione dei tassi di cambio può infatti influenzare il rendimento complessivo del portafoglio. Per mitigare questo rischio, gli investitori possono utilizzare strumenti finanziari come i contratti a termine o le opzioni valutarie.

Inoltre, la diversificazione del portafoglio non dovrebbe essere vista come una strategia statica, ma piuttosto come un processo continuo. Gli investitori dovrebbero costantemente monitorare il loro portafoglio e apportare eventuali modifiche in base alle nuove condizioni di mercato e ai propri obiettivi di investimento. In particolare, l'età e il profilo di rischio dell'investitore dovrebbero essere presi in considerazione nella pianificazione del portafoglio.

Ad esempio, gli investitori più giovani e con un orizzonte temporale di investimento più lungo possono permettersi di investire in asset più rischiosi, come le azioni, in quanto hanno più tempo per recuperare eventuali perdite. Al contrario, gli investitori anziani o con un orizzonte temporale più breve potrebbero preferire asset meno rischiosi come le obbligazioni.

Inoltre, la diversificazione del portafoglio dovrebbe essere effettuata in modo equilibrato, tenendo conto del rapporto rischio/rendimento di ciascun asset finanziario. Gli investitori dovrebbero evitare di concentrarsi su una singola attività finanziaria o su un singolo settore, in quanto ciò potrebbe aumentare il rischio complessivo del portafoglio. Inoltre, gli investitori dovrebbero prestare attenzione alle commissioni e alle spese di gestione associate a ciascun asset finanziario, in quanto queste potrebbero incidere sul rendimento del portafoglio.

In sintesi, la diversificazione del portafoglio di investimenti è una strategia fondamentale per ridurre il rischio di perdita totale e garantire una maggiore stabilità a lungo termine. Tuttavia, la diversificazione del portafoglio non garantisce la completa eliminazione del rischio e richiede una costante attenzione e revisione da parte degli investitori. La corretta diversificazione del portafoglio dovrebbe essere effettuata in modo equilibrato, tenendo conto del rapporto rischio/rendimento di ciascun asset finanziario e del profilo di rischio dell'investitore.

L'investimento è un'attività che richiede molta attenzione e costanza. Non basta fare un investimento e aspettare che produca risultati. Per raggiungere i propri obiettivi, è necessario adottare una strategia di investimento che vada monitorata e adattata costantemente in base alle condizioni di mercato e alle performance degli asset in cui si è investito.

Innanzitutto, per monitorare la propria strategia di investimento, è necessario tenere traccia di tutti gli investimenti effettuati, sia quelli passati che quelli attuali. Si possono utilizzare strumenti online o semplicemente un foglio di calcolo per tenere traccia delle performance degli asset in cui si è investito. È importante registrare il prezzo di acquisto, il prezzo attuale, la percentuale di guadagno o perdita e la data dell'acquisto. Queste informazioni saranno utili per valutare l'andamento del portafoglio e per decidere se apportare eventuali modifiche alla propria strategia di investimento.

In secondo luogo, è importante monitorare costantemente le condizioni di mercato e l'andamento degli asset in cui si è investito. È possibile utilizzare siti di notizie finanziarie, newsletter, analisi di esperti o altre fonti di informazione per tenersi aggiornati sulle novità di mercato. In questo modo, si può avere una visione più ampia del contesto economico e finanziario in cui si stanno effettuando gli investimenti e prendere decisioni più consapevoli.

Inoltre, è importante prestare attenzione alle performance degli asset in cui si è investito. Se un asset non sta producendo i risultati sperati, potrebbe essere necessario apportare modifiche alla propria strategia di investimento. Ad esempio, si potrebbe decidere di vendere l'asset o di diversificare il portafoglio aggiungendo nuovi asset. D'altra parte, se un asset sta producendo risultati superiori alle attese, potrebbe essere opportuno aumentare la posizione in quel particolare asset.

In terzo luogo, è importante adattare la propria strategia di investimento in base ai propri obiettivi e alle proprie esigenze. Ad esempio, se l'obiettivo è quello di ottenere un reddito costante, potrebbe essere opportuno investire in asset a basso rischio e con un buon rendimento, come i bond o i dividendi delle azioni. D'altra parte, se l'obiettivo è quello di ottenere un guadagno a lungo termine, potrebbe essere opportuno investire in asset ad alto rischio, ma con un potenziale di crescita elevato, come le azioni di startup.

Inoltre, è importante considerare il proprio profilo di rischio. Se si è avversi al rischio, potrebbe essere opportuno investire in asset a basso rischio, come i bond o i fondi comuni di investimento. D'altra parte, se si è disposti ad assumere un rischio maggiore, potrebbe essere opportuno investire in asset ad alto rischio, ma con un potenziale di crescita elevato, come le azioni di startup o i fondi hedge.

Come evitare le trappole dei debiti

Per evitare le trappole dei debiti, è importante iniziare con una pianificazione finanziaria efficace. Ciò significa che devi avere una comprensione completa delle tue finanze, incluso il tuo reddito e le tue spese. Puoi utilizzare un foglio di calcolo o un'app per gestire il tuo budget e tenere traccia delle tue entrate e uscite.

In secondo luogo, devi evitare le tentazioni del credito facile. Spesso, le offerte di credito allettanti possono portare a decisioni finanziarie precipitose e ad accumulare debiti in modo incontrollabile. Prima di accettare qualsiasi offerta di credito, è importante leggere attentamente i termini e le condizioni, confrontare le tariffe e i tassi di interesse e valutare se il credito sia veramente necessario.

In terzo luogo, cerca di vivere al di sotto delle tue possibilità. Questo significa limitare le spese superflue e cercare di risparmiare denaro ovunque possibile. Puoi cercare di ridurre le spese quotidiane come ad esempio evitare di mangiare fuori, preparare i pasti a casa, acquistare abiti usati invece di nuovi, limitare l'utilizzo del telefono cellulare o della connessione internet.

In quarto luogo, se hai già debiti, cerca di pagare quanto puoi ogni mese, evitando di accumulare interessi elevati. In questo modo potrai ridurre il debito e migliorare la tua situazione finanziaria. Se non riesci a far fronte ai tuoi debiti, cerca di parlare con un consulente finanziario o un'agenzia di recupero crediti per cercare di trovare una soluzione.

Infine, è importante tenere presente che i debiti non vanno affrontati da soli. Cerca sempre il supporto dei familiari o di professionisti qualificati per gestire il tuo debito in modo efficace e migliorare la tua situazione finanziaria.

Gestire i debiti in modo responsabile è un'abilità importante che tutti dovrebbero imparare, indipendentemente dal loro livello di reddito. Quando si gestiscono i propri debiti in modo efficiente, si può mantenere un equilibrio finanziario sano e prevenire eventuali difficoltà economiche future.

In primo luogo, è importante comprendere la natura dei propri debiti e le ragioni per cui si sono accumulati. Ci sono diversi tipi di debiti, come ad esempio i debiti di carta di credito, i prestiti personali, i mutui ipotecari e i debiti medici. Ognuno di questi ha un tasso di interesse diverso e un tempo di rimborso variabile. È fondamentale comprendere questi aspetti e creare un piano di pagamento che consenta di evitare di accumulare ulteriori interessi sul debito.

In secondo luogo, è importante stabilire un budget. Creare un budget può aiutare a capire quali sono le spese fisse e le spese variabili, e consentire di tenere sotto controllo le spese superflue. Il budget dovrebbe prevedere anche il pagamento dei debiti. Questo dovrebbe essere una priorità, poiché il pagamento del debito aiuta a ridurre l'interesse accumulato e ad evitare eventuali sanzioni.

In terzo luogo, è importante cercare di consolidare i debiti in un'unica rata. Ci sono diverse opzioni per consolidare i debiti, come ad esempio i prestiti personali o i trasferimenti di saldo della carta di credito. La consolidazione dei debiti può aiutare a ridurre il tasso di interesse complessivo e consentire di pagare i debiti in modo più efficiente.

In quarto luogo, è importante evitare di acquisire nuovi debiti. Questo può sembrare ovvio, ma molte persone continuano ad accumulare debiti nonostante stiano già lottando con i propri debiti esistenti. Evitare di acquisire nuovi debiti può aiutare a ridurre lo stress finanziario e a concentrarsi sulla riduzione dei debiti esistenti.

In quinto luogo, è importante cercare di aumentare il reddito. Ci sono diverse opzioni per aumentare il proprio reddito, come ad esempio cercare un lavoro a tempo parziale o cercare di fare un lavoro freelance.

Aumentare il proprio reddito può aiutare a ridurre lo stress finanziario e consentire di pagare i debiti più velocemente.

Infine, è importante chiedere aiuto quando necessario. Gestire i debiti può essere un'impresa difficile e stressante. Non c'è nulla di sbagliato nel chiedere aiuto a un consulente finanziario o a un amico fidato. A volte, avere una prospettiva esterna può aiutare a trovare soluzioni innovative e ridurre lo stress finanziario.

In sintesi, gestire i debiti in modo responsabile richiede una buona comprensione dei propri debiti, la creazione di un budget, la consolidazione dei debiti, l'evitare di acquisire nuovi debiti, aumentare il proprio reddito e chiedere aiuto quando necessario. Quando si gestiscono i propri debiti in modo responsabile, si può mantenere un equilibrio finanziario sano e prevenire eventuali difficoltà economiche future. È importante ricordare che gestire i propri debiti richiede tempo e impegno, ma può essere fatto con successo con una buona pianificazione e la giusta mentalità.

Prima di tutto, è necessario comprendere la differenza tra buoni e cattivi debiti. I buoni debiti sono quelli che aiutano a costruire il proprio futuro finanziario, come ad esempio un mutuo ipotecario per l'acquisto di una casa o un prestito per l'acquisto di una macchina. I cattivi debiti, d'altra parte, sono quelli che vengono accumulati per soddisfare esigenze o desideri a breve termine, come ad esempio le spese della carta di credito per acquisti impulsivi o per le vacanze. È importante comprendere la differenza tra questi due tipi di debiti e cercare di limitare al minimo l'accumulo di debiti cattivi.

In secondo luogo, è importante creare un piano di pagamento per i propri debiti. Ci sono diverse strategie che si possono utilizzare per il rimborso del debito, come ad esempio il metodo "bola di neve", che prevede di pagare prima il debito con il tasso di interesse più alto e poi di passare al successivo, o il metodo "avallo", che prevede di fare un unico pagamento mensile per tutti i debiti e poi di dividere l'importo tra i singoli debiti. È importante scegliere la strategia che funziona meglio per la propria situazione finanziaria e di seguirlo in modo disciplinato.

In terzo luogo, è importante cercare di ridurre il proprio tasso di interesse sui debiti. Ci sono diverse opzioni per farlo, come ad esempio negoziare con i creditori per ottenere un tasso di interesse più basso o trasferire il saldo della carta di credito su una carta con un tasso di interesse più basso. Ridurre il proprio tasso di interesse sui debiti può aiutare a risparmiare denaro e accelerare il processo di rimborso del debito.

In quarto luogo, è importante cercare di evitare le sanzioni per il pagamento in ritardo o per la mancata effettuazione del pagamento. Le sanzioni possono aumentare notevolmente il costo del debito e rendere ancora più difficile il rimborso del debito. È importante essere sempre in grado di effettuare i pagamenti in tempo e, se non si è in grado di farlo, di comunicare tempestivamente con i creditori per trovare una soluzione.

Infine, è importante cercare di vivere secondo le proprie possibilità e di evitare di accumulare debiti inutili. Ci sono molte cose che si possono fare per ridurre le spese, come ad esempio cucinare a casa invece di mangiare fuori, utilizzare i trasporti pubblici invece della propria auto o cercare di acquistare prodotti a basso costo. È importante vivere secondo le proprie possibilità e cercare di evitare le tentazioni che possono portare all'accumulo di debiti inutili.

In sintesi, gestire i propri debiti in modo responsabile richiede un'attenzione costante e la capacità di pianificare con attenzione e disciplina. Ci sono diverse azioni che si possono intraprendere per gestire i propri debiti in modo responsabile, come ad esempio comprendere la natura dei propri debiti, creare un piano di pagamento, cercare di ridurre il proprio tasso di interesse, evitare le sanzioni, e vivere secondo le proprie possibilità. Inoltre, è importante avere la capacità di chiedere aiuto quando necessario, e di utilizzare tutte le risorse a disposizione per migliorare la propria situazione finanziaria.

Una delle cose più importanti da ricordare quando si gestiscono i propri debiti è che non esiste una soluzione universale. Ogni situazione finanziaria è unica, e richiede un approccio personalizzato per trovare la soluzione migliore. È importante essere flessibili e adattabili, e di avere la capacità di modificare il proprio piano di pagamento se necessario.

Inoltre, è importante avere una mentalità positiva e proattiva. La gestione dei debiti può essere stressante e frustrante, ma è importante mantenere una visione a lungo termine e di concentrarsi sui progressi che si fanno. Anche piccoli passi avanti possono fare una grande differenza a lungo termine.

Infine, è importante fare attenzione alle trappole dei debiti. Ci sono molte aziende che promuovono prestiti a tassi di interesse elevati o che cercano di vendere prodotti a credito a persone che non possono permetterseli. È importante evitare queste trappole e di essere sempre consapevoli delle proprie possibilità finanziarie.

In conclusione, gestire i propri debiti in modo responsabile richiede una buona comprensione della propria situazione finanziaria, la creazione di un piano di pagamento, la riduzione del proprio tasso di interesse, l'evitare le sanzioni e vivere secondo le proprie possibilità. Richiede anche una mentalità positiva e proattiva, la capacità di adattarsi alle proprie esigenze individuali e di chiedere aiuto quando necessario. Gestire i propri debiti in modo responsabile è un'abilità importante che può aiutare a mantenere un equilibrio finanziario sano e prevenire eventuali difficoltà economiche future.

La gestione del debito è una delle sfide più significative che le organizzazioni e gli individui affrontano nella gestione delle proprie finanze. Quando il debito accumulato diventa troppo pesante, gli interessi sul debito diventano un costo significativo che può influire negativamente sulla stabilità finanziaria. Pertanto, è fondamentale per gli individui e le organizzazioni trovare modi per ridurre i costi degli interessi sui debiti.

In primo luogo, una delle strategie più efficaci per ridurre i costi degli interessi sui debiti è quella di concentrarsi sul rimborso anticipato dei debiti. Pagare in anticipo il debito riduce il saldo del debito e, di conseguenza, il costo degli interessi sul debito. Inoltre, pagare il debito in anticipo può anche aiutare a migliorare la solvibilità dell'individuo o dell'organizzazione, in quanto dimostra la loro capacità di pagare i debiti in modo tempestivo.

In secondo luogo, l'individuo o l'organizzazione potrebbe considerare di consolidare i propri debiti. La consolidazione dei debiti coinvolge l'aggregazione di tutti i debiti in un unico prestito, spesso a un tasso di interesse più basso. Ciò consente di semplificare la gestione del debito, ridurre il costo degli interessi e accelerare il rimborso del debito.

In terzo luogo, l'individuo o l'organizzazione potrebbe considerare di rinegoziare i termini del debito con i propri creditori. Questo potrebbe includere la negoziazione di un tasso di interesse inferiore, la negoziazione di un piano di rimborso più flessibile o la richiesta di un periodo di grazia sui pagamenti. Se la situazione finanziaria dell'individuo o dell'organizzazione è difficile, i creditori potrebbero essere disposti a negoziare i termini del debito per evitare il rischio di default.

In quarto luogo, l'individuo o l'organizzazione potrebbe considerare di cercare fonti di finanziamento alternativo per rimborsare il debito esistente. Ciò potrebbe includere l'ottenimento di un prestito a tasso di interesse inferiore o l'utilizzo di altre fonti di finanziamento, come i prestiti garantiti. Tuttavia, è importante notare che l'utilizzo di fonti di finanziamento alternativo può comportare il rischio di perdita di garanzie o di proprietà.

In quinto luogo, l'individuo o l'organizzazione potrebbe considerare di utilizzare strumenti finanziari come le opzioni di tasso d'interesse. Questi strumenti consentono di fissare il tasso di interesse per un determinato periodo di tempo, riducendo il rischio di fluttuazioni del tasso di interesse. Tuttavia, l'uso di strumenti finanziari come le opzioni di tasso d'interesse richiede una conoscenza approfondita della finanza e della gestione del rischio.

In sesto luogo, l'individuo o l'organizzazione potrebbe cercare di ridurre il costo degli interessi sul debito aumentando il proprio reddito. Ciò potrebbe includere l'ottenimento di un secondo lavoro o l'avvio di un'attività secondaria. Più alto è il reddito, maggiori sono le possibilità di rimborsare il debito in modo tempestivo e di ridurre il costo degli interessi.

In settimo luogo, l'individuo o l'organizzazione potrebbe considerare di ridurre le spese per liberare risorse finanziarie per il rimborso del debito. Ciò potrebbe includere la riduzione delle spese superflue o l'adozione di uno stile di vita più sobrio. Ridurre le spese può liberare risorse finanziarie per il rimborso del debito, riducendo il costo degli interessi sul debito.

In ottavo luogo, l'individuo o l'organizzazione potrebbe cercare di aumentare la propria capacità di negoziazione con i propri creditori. Ciò potrebbe includere l'aumento della propria credibilità o del proprio potere di contrattazione, ad esempio attraverso la costruzione di relazioni con i creditori o l'aumento della propria reputazione nel mercato.

In nono luogo, l'individuo o l'organizzazione potrebbe cercare di ridurre il rischio di default. Ciò potrebbe includere la creazione di un piano di rimborso che tenga conto della capacità finanziaria dell'individuo o dell'organizzazione, o l'utilizzo di strumenti finanziari come le garanzie per ridurre il rischio di default.

In decimo luogo, l'individuo o l'organizzazione potrebbe cercare di aumentare la propria conoscenza finanziaria e la consapevolezza sui costi degli interessi sui debiti. Ciò potrebbe includere l'acquisizione di competenze finanziarie attraverso la formazione, la lettura di libri sull'argomento o la consultazione di esperti finanziari.

In sintesi, ci sono molte strategie che l'individuo o l'organizzazione possono adottare per ridurre i costi degli interessi sui debiti. Tuttavia, è importante notare che ogni strategia ha i suoi pro e contro, e che l'individuo o l'organizzazione dovrebbe scegliere la strategia più adatta alle proprie esigenze e alla propria situazione finanziaria. Inoltre, l'adozione di queste strategie richiede tempo e impegno, ma può portare a un notevole risparmio di costi nel lungo periodo.

Il prestito è una forma di finanziamento che può essere estremamente utile per affrontare una serie di situazioni e necessità. Tuttavia, per utilizzare i prestiti in modo efficace, è importante capire alcuni aspetti fondamentali.

In primo luogo, è importante avere una chiara comprensione di ciò che si sta cercando di finanziare. Ci sono molte opzioni di prestito disponibili, ognuna delle quali ha condizioni e requisiti diversi. Prima di richiedere un prestito, è importante fare una valutazione onesta della propria situazione finanziaria e determinare con precisione quale importo è necessario e quale sarà la capacità di rimborso.

In secondo luogo, è importante valutare le diverse opzioni di prestito disponibili. Ad esempio, ci sono prestiti personali, prestiti garantiti, prestiti a breve termine e prestiti a lungo termine. Ognuno di questi ha vantaggi e svantaggi, e scegliere la forma di prestito giusta può fare la differenza nel risultato finale. Ad esempio, un prestito garantito può offrire tassi di interesse più bassi, ma richiede una garanzia, come una casa o un'auto, che può essere persa in caso di mancato pagamento del prestito.

In terzo luogo, è importante essere realistici sui propri obiettivi di rimborso. Prima di richiedere un prestito, è importante capire con precisione quali saranno i pagamenti mensili e per quanto tempo sarà necessario effettuare i pagamenti. Inoltre, è importante capire le conseguenze del mancato pagamento del prestito, come gli interessi di mora e l'impatto sul proprio punteggio di credito.

In quarto luogo, è importante prendere in considerazione la propria situazione finanziaria generale. Se si sta già lottando con il debito, l'aggiunta di un prestito potrebbe non essere la soluzione migliore. Invece, potrebbe essere necessario cercare altre opzioni, come il consolidamento del debito o la negoziazione con i creditori esistenti.

Infine, è importante utilizzare i prestiti in modo responsabile. Un prestito può essere un'ottima risorsa per finanziare una casa, una macchina o un'educazione, ma può anche essere utilizzato per acquisti superflui o per gestire le spese correnti. Utilizzando i prestiti solo per le necessità essenziali e pagando in modo tempestivo, si può evitare di cadere in un circolo vizioso di debiti e interessi elevati.

In sintesi, l'utilizzo dei prestiti in modo efficace richiede una comprensione chiara dei propri obiettivi finanziari, delle opzioni di prestito disponibili e delle proprie capacità di rimborso. È importante prendere in considerazione la propria situazione finanziaria generale e utilizzare i prestiti solo per le necessità essenziali. Con l'approccio giusto, un prestito può essere un'ottima risorsa per aiutare a realizzare i propri obiettivi finanziari.

Come pianificare per il futuro

Pianificare per il futuro è un processo essenziale per raggiungere i nostri obiettivi a lungo termine e garantire una vita sostenibile e soddisfacente. Implica considerare le proprie priorità, valori e risorse disponibili per determinare i passi da compiere per raggiungere i propri obiettivi. Pianificare per il futuro richiede la capacità di valutare le conseguenze delle proprie decisioni, di adattarsi ai cambiamenti e di rimanere flessibili e aperti alle opportunità che possono presentarsi lungo il percorso. Una pianificazione efficace richiede anche di considerare gli aspetti finanziari, sociali e ambientali delle nostre decisioni, per garantire un equilibrio sostenibile e duraturo.

Il risparmio per la pensione è una delle cose più importanti che una persona può fare per garantirsi un futuro finanziariamente stabile. Molte persone, tuttavia, trovano difficile iniziare e mantenere una strategia di risparmio a lungo termine. In questo paragrafo di 2000 parole, esploreremo alcune delle strategie più efficaci per risparmiare per la pensione.

Innanzitutto, è importante capire che il risparmio per la pensione richiede una pianificazione a lungo termine. Non è qualcosa che può essere fatto in un solo giorno o in una sola settimana. Pertanto, è importante iniziare il prima possibile e fare piccoli passi ogni giorno per raggiungere l'obiettivo finale.

Un modo per iniziare è calcolare quanto denaro sarà necessario per vivere una pensione confortevole. Questo può essere fatto attraverso una valutazione delle spese correnti e un calcolo di quanto denaro sarà necessario per coprire le spese in futuro. Ci sono anche molti strumenti online disponibili che possono aiutare a fare questi calcoli.

Una volta che si ha una buona idea di quanto denaro sarà necessario per la pensione, si può iniziare a pianificare come risparmiare per raggiungere questo obiettivo. Ci sono diverse strategie che possono essere utilizzate, tra cui il risparmio automatizzato, il budgeting e gli investimenti.

Il risparmio automatizzato è una delle strategie più efficaci per risparmiare per la pensione. Ciò implica l'impostazione di un account di risparmio separato che viene automaticamente alimentato ogni mese. In questo modo, non è necessario pensare al risparmio ogni mese, poiché l'importo viene automaticamente prelevato dal conto corrente. Questo è un modo molto efficace per costringersi a risparmiare regolarmente.

Il budgeting è un'altra strategia efficace per risparmiare per la pensione. Ciò implica l'identificazione delle spese correnti e la creazione di un budget che tenga conto di tutte le spese necessarie. Ciò aiuta a identificare le spese superflue e a trovare modi per ridurre le spese correnti. Il denaro risparmiato può quindi essere messo da parte per la pensione.

Gli investimenti sono un'altra strategia importante per risparmiare per la pensione. Ci sono molti tipi di investimenti disponibili, tra cui azioni, obbligazioni e fondi comuni di investimento. Gli investimenti possono generare un reddito passivo che può essere utilizzato per finanziare la pensione. Tuttavia, gli investimenti comportano anche un certo grado di rischio e devono essere effettuati con cura.

Un'altra strategia per risparmiare per la pensione è quella di ridurre il debito. Il debito può essere un grande ostacolo per il risparmio per la pensione, poiché i pagamenti dei debiti possono assorbire una grande parte del reddito disponibile. Ridurre il debito può liberare più denaro per il risparmio per la pensione.

Infine, è importante considerare l'assicurazione pensionistica. Ci sono diverse opzioni disponibili, tra cui le pensionassicurative, che garantiscono un reddito fisso una volta raggiunta l'età pensionabile, e le polizze vita, che pagano un'indennità ai beneficiari in caso di morte del titolare del contratto. Tuttavia, è importante valutare attentamente le opzioni disponibili e considerare i costi associati prima di effettuare una scelta.

In generale, risparmiare per la pensione richiede una combinazione di strategie e un impegno costante nel tempo. È importante iniziare il prima possibile, fare piccoli passi ogni giorno e monitorare regolarmente il proprio progresso. Ci sono anche molte risorse disponibili per aiutare le persone a risparmiare per la pensione, tra cui consulenti finanziari e strumenti online.

In conclusione, il risparmio per la pensione è un'attività importante per garantire un futuro finanziario stabile. Ci sono molte strategie efficaci disponibili, tra cui il risparmio automatizzato, il budgeting, gli investimenti, la riduzione del debito e l'assicurazione pensionistica. È importante iniziare il prima possibile, fare piccoli passi ogni giorno e monitorare regolarmente il proprio progresso. Con la giusta pianificazione e un impegno costante, tutti possono risparmiare per una pensione confortevole e sicura.

Pianificare i propri risparmi per obiettivi a breve e lungo termine è un passo fondamentale per ottenere una stabilità finanziaria e raggiungere i propri obiettivi finanziari. Ci sono diverse strategie e tecniche che possono essere utilizzate per pianificare i propri risparmi in modo efficace, ma in generale ci sono alcune considerazioni fondamentali da tenere a mente.

In primo luogo, è importante stabilire i propri obiettivi finanziari a breve e lungo termine. Questi obiettivi possono essere molto diversi tra loro, ad esempio possono includere l'acquisto di una casa, l'acquisto di un'auto, la creazione di un fondo di emergenza o il risparmio per la pensione. È importante che questi obiettivi siano realistici e specifici, in modo da poter stabilire un piano d'azione chiaro per raggiungerli.

Una volta che si hanno chiari i propri obiettivi finanziari, è possibile stabilire un piano d'azione per risparmiare i soldi necessari. In generale, è consigliabile stabilire un budget mensile e cercare di risparmiare una percentuale fissa del proprio reddito ogni mese. Questa percentuale può variare a seconda degli obiettivi specifici e delle proprie esigenze finanziarie, ma in generale si consiglia di risparmiare almeno il 10% del proprio reddito.

Per raggiungere gli obiettivi a breve termine, come ad esempio l'acquisto di un'auto o il finanziamento di una vacanza, può essere utile utilizzare un conto di risparmio separato o un fondo comune. In questo modo, si può tenere traccia dei progressi fatti nel raggiungimento dell'obiettivo e assicurarsi di non utilizzare i soldi destinati ad altro scopo.

Per gli obiettivi a lungo termine, come ad esempio il risparmio per la pensione, è possibile utilizzare strumenti di investimento come i fondi pensione o gli investimenti azionari. Questi strumenti possono aiutare a generare rendimenti più elevati rispetto ai conti di risparmio tradizionali e consentire di raggiungere gli obiettivi finanziari a lungo termine in modo più efficace.

In generale, è importante ricordare che il risparmio è un processo graduale e continuo. Anche risparmiare piccole somme di denaro ogni mese può fare la differenza nel lungo termine e aiutare a raggiungere gli obiettivi finanziari. Inoltre, è importante essere flessibili e adattare il proprio piano di risparmio in base alle proprie esigenze finanziarie e ai cambiamenti nella situazione personale.

Infine, è importante cercare di ridurre le spese inutili e di gestire le proprie finanze in modo oculato. Ci sono molte strategie che possono essere utilizzate per ridurre le spese, ad esempio tagliare le spese superflue come il caffè al bar o i pasti fuori casa, cercare offerte e sconti, e fare acquisti in modo oculato. Gestire le proprie finanze in modo responsabile significa anche evitare di accumulare debiti e di utilizzare i servizi finanziari in modo oculato. Ad esempio, è importante utilizzare le carte di credito in modo responsabile e pagare le bollette e i debiti in modo tempestivo per evitare di accumulare interessi e di pagare somme maggiori nel tempo.

In sintesi, pianificare i propri risparmi per obiettivi a breve e lungo termine richiede un approccio oculato e graduale. È importante stabilire obiettivi specifici e realistici, utilizzare strumenti di risparmio come i conti di risparmio e i fondi pensione, ridurre le spese inutili e gestire le proprie finanze in modo responsabile. Il risparmio è un processo graduale e continuo, ma con la pianificazione e la disciplina, è possibile raggiungere gli obiettivi finanziari e ottenere una maggiore stabilità finanziaria nel lungo termine.

Creare un budget efficace per la tua vita e la tua famiglia può sembrare un compito scoraggiante, ma in realtà è una delle cose più importanti che puoi fare per assicurarti una vita finanziariamente stabile e senza stress. Un budget ti aiuta a tenere traccia di tutte le tue spese e delle tue entrate, in modo che tu possa avere un quadro completo della tua situazione finanziaria e fare scelte consapevoli sul come spendere i tuoi soldi.

La prima cosa da fare per creare un budget efficace è capire le tue spese fisse, ovvero quelle che devi pagare ogni mese, come l'affitto o il mutuo, le bollette e il cibo. Queste spese dovrebbero essere la tua priorità, in quanto sono essenziali per la tua vita quotidiana. Una volta che hai identificato le tue spese fisse, devi considerare le tue spese variabili, come i vestiti, le uscite serali e gli acquisti non essenziali. Queste spese possono variare molto da mese a mese, ma è importante tenere traccia di esse in modo da non spendere troppo.

Una volta che hai identificato tutte le tue spese, devi confrontarle con le tue entrate. Se le tue spese superano le tue entrate, devi cercare di tagliare le spese superflue o cercare di aumentare le tue entrate, ad esempio cercando un lavoro secondario o cercando di guadagnare denaro extra online. Se le tue entrate superano le tue spese, è importante risparmiare quella differenza in modo da creare un fondo di emergenza o investire in un futuro più stabile.

Un altro aspetto importante da considerare quando si crea un budget efficace è la pianificazione a lungo termine. Devi avere un'idea chiara di quali sono i tuoi obiettivi finanziari a lungo termine e come puoi raggiungerli. Ad esempio, potresti avere come obiettivo di risparmiare abbastanza denaro per comprare una casa o per mandare i tuoi figli all'università. Questi obiettivi richiedono pianificazione e risparmio a lungo termine, quindi è importante includerli nel tuo budget e fare i sacrifici necessari per raggiungerli.

Infine, è importante tenere traccia del tuo budget e aggiornarlo regolarmente. Non basta creare un budget una sola volta e poi dimenticarsene. Devi controllare regolarmente le tue spese e le tue entrate, confrontarle con il tuo budget e fare eventuali aggiustamenti necessari. Ad esempio, se hai speso troppo in un certo mese, potresti dover tagliare le spese nel mese successivo per rimanere in linea con il tuo budget.

In sintesi, creare un budget efficace per la tua vita e la tua famiglia richiede pianificazione, attenzione ai dettagli e impegno a lungo termine. Se sei disposto a investire tempo ed energia in questo processo, sarai

*ricompensato con una vita finanziariamente stabile e
senza stress.*

Un'altra cosa importante da tenere a mente quando si
crea un budget efficace è di non essere troppo rigidi.
Ci saranno inevitabilmente dei mesi in cui le spese
saranno più elevate, ad esempio durante le festività o
quando si deve affrontare una spesa imprevista. In
questi casi, è importante essere flessibili e apportare
eventuali modifiche al budget per adattarsi alla
situazione.

Inoltre, è importante coinvolgere la tua famiglia nel
processo di creazione del budget. Se sei sposato o hai
figli, è importante discutere con loro delle spese e
delle priorità della famiglia. In questo modo, tutti
saranno coinvolti e avranno un'idea chiara di come la
famiglia sta gestendo le proprie finanze.

Un altro aspetto importante del budget è il risparmio.
Quando si crea un budget, è importante includere
un'allocazione per il risparmio. Il risparmio dovrebbe
essere considerato come una spesa fissa, come
l'affitto o le bollette, e dovrebbe essere una priorità
per la tua vita finanziaria. Anche se può sembrare
difficile risparmiare inizialmente, si tratta di
un'abitudine importante che può portare grandi
benefici nel lungo termine.

Infine, è importante cercare di ridurre i debiti. Se hai
debiti, dovresti cercare di pagarli il più presto
possibile. I debiti possono avere un impatto
significativo sulla tua vita finanziaria, quindi è

importante creare un piano per liberartene il prima possibile. Una volta che hai eliminato i tuoi debiti, puoi iniziare a concentrarti sul risparmio e sulla creazione di un futuro finanziario stabile.

In conclusione, creare un budget efficace per la tua vita e la tua famiglia richiede impegno, pianificazione e attenzione ai dettagli. Ma se sei disposto a investire tempo ed energia in questo processo, sarai ricompensato con una vita finanziariamente stabile e senza stress. Ricorda di essere flessibile, coinvolgere la tua famiglia, includere il risparmio come una priorità e cercare di ridurre i debiti. Con queste semplici linee guida, puoi creare un budget efficace e costruire un futuro finanziario solido per te e la tua famiglia.

Consigli finali per risparmiare in modo intelligente

Risparmiare in modo intelligente non significa solo tagliare le spese e ridurre gli acquisti. In realtà, una vera e propria strategia di risparmio intelligente deve includere una serie di fattori che vanno dalla pianificazione e gestione del budget, alla valutazione delle priorità, alla ricerca di occasioni vantaggiose, alla creazione di un fondo di emergenza e alla scelta di prodotti e servizi che offrano il massimo rapporto qualità-prezzo.

Per risparmiare in modo efficace e sostenibile, è importante prendersi il tempo necessario per analizzare le proprie abitudini di spesa, le necessità e i desideri, e pianificare il budget mensile o settimanale di conseguenza. Una buona pratica è quella di tenere traccia di tutte le entrate e uscite, ad esempio con un foglio di calcolo o un'applicazione specifica, per avere un'idea chiara di dove va il proprio denaro.

Inoltre, bisogna imparare a distinguere tra le spese essenziali e quelle superflue, valutando se è possibile ridurre o eliminare alcune di queste ultime per risparmiare senza rinunciare alla qualità della propria vita. È inoltre importante essere selettivi nella scelta di prodotti e servizi, cercando di acquistare solo quelli di cui si ha veramente bisogno, preferendo quelli con il miglior rapporto qualità-prezzo, e sfruttando le offerte e le promozioni quando possibile.

Infine, è sempre consigliabile creare un fondo di emergenza, riservando una piccola parte del proprio reddito mensile per affrontare eventuali imprevisti, come una riparazione dell'auto o una spesa medica. In questo modo, si evita di dover ricorrere a prestiti o carte di credito che comportano spese extra e interessi elevati.

In sintesi, risparmiare in modo intelligente richiede una buona pianificazione, la capacità di distinguere tra le spese essenziali e quelle superflue, la scelta di prodotti e servizi con il miglior rapporto qualità-prezzo e la creazione di un fondo di emergenza. Con un po' di attenzione e impegno, è possibile risparmiare senza rinunciare alla qualità della propria vita.

Mantenere la motivazione per risparmiare denaro può essere una sfida per molte persone, soprattutto quando ci sono molte tentazioni da affrontare e si ha l'impressione che il denaro possa essere speso in modi più piacevoli. Tuttavia, ci sono molte ragioni per cui risparmiare denaro è importante e motivante.

Innanzitutto, risparmiare denaro può aiutare a raggiungere i propri obiettivi finanziari a lungo termine. Ciò potrebbe significare risparmiare per l'acquisto di una casa, per il pagamento dell'istruzione universitaria o per il pensionamento. In ogni caso, avere un obiettivo chiaro e specifico può aiutare a mantenere la motivazione per risparmiare denaro e a resistere alla tentazione di spendere denaro in cose meno importanti.

Inoltre, risparmiare denaro può offrire una maggiore tranquillità mentale. Quando si ha un fondo di emergenza sufficiente, ci si può permettere di affrontare le spese impreviste senza doversi preoccupare di come si farà a pagare per loro. Questo può ridurre lo stress finanziario e migliorare la salute mentale e fisica.

Un'altra motivazione per risparmiare denaro è quella di poter godere di maggiori opportunità nella vita. Ad esempio, se si risparmia abbastanza denaro, si può viaggiare in luoghi esotici o partecipare a attività costose che altrimenti sarebbero fuori dalla portata finanziaria. Inoltre, il denaro risparmiato può essere utilizzato per investire in se stessi, come l'acquisto di corsi di formazione o lo sviluppo di nuove competenze, che possono portare a una maggiore crescita personale e professionale.

Risparmiare denaro può anche avere un impatto positivo sulla propria salute finanziaria generale. Quando si è in grado di gestire bene il proprio denaro, si può evitare di doversi indebitare per soddisfare le proprie esigenze e desideri. Ciò può aiutare a mantenere una buona reputazione creditizia, ad evitare gli interessi sui debiti e ad evitare le spese eccessive.

Per mantenere la motivazione per risparmiare denaro, è importante anche avere un piano e seguire un budget. Questo può aiutare a tenere traccia delle spese e a trovare modi per ridurle, come ad esempio eliminare le spese superflue o cercare offerte migliori sui servizi e sui prodotti necessari. Inoltre, è possibile impostare un sistema di ricompense per se stessi quando si risparmia denaro, come ad esempio acquistare un piccolo regalo o un trattamento speciale come un massaggio.

Infine, un'altra motivazione per risparmiare denaro è quella di poter dare una mano agli altri. Quando si ha un budget sano e si è in grado di risparmiare denaro, si può considerare di fare donazioni a organizzazioni benefiche o di supportare la famiglia e gli amici in difficoltà finanziarie. Ciò può dare un senso di gratitudine e soddisfazione personale, oltre ad avere un impatto positivo sulla comunità e sulla società in generale.

In definitiva, mantenere la motivazione per risparmiare denaro richiede uno sforzo costante e un impegno a lungo termine. Tuttavia, i benefici che si possono ottenere dal risparmiare denaro sono numerosi e significativi. Risparmiare denaro può aiutare a raggiungere obiettivi finanziari a lungo termine, offrire una maggiore tranquillità mentale, consentire maggiori opportunità nella vita, migliorare la salute finanziaria generale e persino aiutare gli altri.

Per mantenere la motivazione per risparmiare denaro, è importante avere un obiettivo chiaro e specifico, seguire un piano e un budget, cercare modi per ridurre le spese superflue e stabilire un sistema di ricompense per se stessi. Inoltre, può essere utile trovare modi per rendere il processo di risparmio divertente e stimolante, come coinvolgere amici o familiari in sfide di risparmio o cercare nuovi modi creativi per risparmiare denaro.

In conclusione, risparmiare denaro può essere una sfida, ma i benefici che si possono ottenere dal farlo sono numerosi e duraturi. Mantenere la motivazione per risparmiare denaro richiede una combinazione di disciplina, perseveranza e creatività, ma i risultati possono essere davvero gratificanti.

Il risparmio è una delle abitudini finanziarie più importanti da acquisire nella vita. Tuttavia, molte persone trovano difficile mantenere questa abitudine a lungo termine. Per rendere il risparmio un'abitudine duratura, ci sono alcune strategie che possono aiutare.

In primo luogo, è importante avere una ragione convincente per risparmiare. Ciò significa che dovresti identificare il motivo per cui vuoi risparmiare e il tuo obiettivo finale. Ad esempio, potresti voler risparmiare per acquistare una casa o per garantirti una pensione confortevole. Identificare la tua motivazione e il tuo obiettivo ti aiuterà a rimanere motivato e concentrato sul risparmio.

In secondo luogo, è importante pianificare il tuo budget e seguire un piano di risparmio. Ciò significa che dovresti identificare le tue entrate e le tue spese e trovare modi per ridurre le spese superflue. Ad esempio, potresti decidere di tagliare le spese per il caffè al bar o ridurre le uscite serali. Inoltre, dovresti identificare quanto vuoi risparmiare ogni mese e creare un piano per raggiungere il tuo obiettivo di risparmio.

In terzo luogo, è importante automatizzare il tuo risparmio. Ciò significa che dovresti creare un conto di risparmio separato e impostare un trasferimento automatico dalla tua fonte di reddito al tuo conto di risparmio ogni mese. Questo ti aiuterà a risparmiare in modo regolare e costante senza dover pensare manualmente al risparmio ogni mese.

In quarto luogo, è importante tenere traccia dei tuoi progressi e regolare il tuo piano di risparmio se necessario. Ciò significa che dovresti monitorare il tuo conto di risparmio ogni mese per assicurarti di rispettare il tuo obiettivo di risparmio. Se non stai risparmiando abbastanza o se stai avendo difficoltà a rispettare il tuo piano di risparmio, dovresti regolare il tuo budget e trovare modi per risparmiare di più.

In quinto luogo, è importante creare abitudini sane e sostenibili per il tuo stile di vita. Ciò significa che dovresti cercare modi per ridurre le spese senza compromettere la tua qualità di vita. Ad esempio, potresti decidere di cucinare a casa invece di mangiare fuori o di usare mezzi di trasporto pubblico invece di prendere l'auto. Inoltre, dovresti cercare modi per ridurre lo stress e migliorare la tua salute mentale, poiché lo stress può portare a comportamenti di spesa impulsivi e dannosi per il risparmio.

Infine, è importante rimanere motivato e concentrato sul tuo obiettivo di risparmio. Ciò significa che dovresti celebrare i tuoi successi di risparmio e trovare modi per mantenere la tua motivazione alta. Ad esempio, potresti impostare piccoli obiettivi di risparmio e premiarti quando li raggiungi

Il risparmio è una pratica importante per ogni famiglia. Risparmiare denaro non solo aiuta a raggiungere obiettivi finanziari, ma può anche migliorare la qualità della vita di ogni membro della famiglia. Tuttavia, risparmiare non è sempre facile, soprattutto quando si cerca di coinvolgere tutti i membri della famiglia nella stessa strategia di risparmio.

Per coinvolgere la tua famiglia nella tua strategia di risparmio, devi comunicare con loro in modo chiaro e aperto. Iniziare la discussione sulle abitudini di spesa della famiglia e su come queste abitudini potrebbero essere migliorate per risparmiare denaro. Identifica i bisogni di ogni membro della famiglia e fai loro capire che risparmiare non significa necessariamente rinunciare a qualcosa di importante per loro.

Insegna ai tuoi figli l'importanza del risparmio. Puoi fare questo in modo divertente, ad esempio creando una sfida di risparmio tra di loro. Ad esempio, puoi chiedere ai tuoi figli di risparmiare una certa quantità di denaro ogni settimana e premiarli con un piccolo regalo se riescono a raggiungere il loro obiettivo. Questo li aiuterà a capire l'importanza del risparmio e della pianificazione finanziaria fin da giovani.

Coinvolgi tutti i membri della famiglia nella pianificazione del budget. Quando pianifichi il tuo budget familiare, assicurati di coinvolgere tutti i membri della famiglia. Ciò significa che ognuno deve avere voce in capitolo su come il denaro viene speso e come viene risparmiato. Assicurati di avere un piano che tenga conto di tutte le esigenze della famiglia, comprese le spese per il cibo, l'abbigliamento, l'istruzione e gli svaghi.

Incoraggia la tua famiglia a cercare modi per risparmiare denaro. Ci sono molte strategie per risparmiare denaro, come acquistare prodotti in offerta, acquistare prodotti di marca meno costosi o fare la spesa solo quando ci sono le offerte speciali. Insegna alla tua famiglia queste strategie e incoraggiali a cercare modi per risparmiare denaro ovunque possibile.

Crea obiettivi di risparmio condivisi. Un modo per coinvolgere la tua famiglia nella tua strategia di risparmio è creare obiettivi di risparmio condivisi. Ad esempio, potresti decidere di risparmiare per una vacanza in famiglia o per un acquisto importante. Questo darà a tutti i membri della famiglia uno scopo comune da raggiungere e un motivo per risparmiare denaro.

Offri incentivi per il risparmio. Un modo per motivare la tua famiglia a risparmiare è offrire incentivi per il risparmio. Ad esempio, potresti proporre di dividere i soldi risparmiati in un dato periodo di tempo tra tutti i membri della famiglia. Questo darà loro un incentivo per cercare di risparmiare il più possibile.

infine, è importante essere un modello positivo per la tua famiglia. Se mostri una forte disciplina finanziaria e abitudini di risparmio, la tua famiglia sarà più propensa a seguirti. Inoltre, assicurati di celebrare ogni piccolo successo con la tua famiglia, come quando riesci a risparmiare denaro su una spesa importante. Questo incoraggerà la tua famiglia a continuare sulla strada del risparmio.

In conclusione, coinvolgere la tua famiglia nella tua strategia di risparmio richiede pazienza e comunicazione aperta. Dovrai lavorare insieme come squadra e prendere decisioni basate sui bisogni di tutti i membri della famiglia. Con il tempo, tutta la famiglia si abituerà a questo modo di vivere e potrete godere dei benefici di una vita finanziaria più stabile e sicura.

Consigli per mantenere alta la motivazione di risparmio

Mantenere alta la motivazione per risparmiare può essere una sfida per molte persone, specialmente quando ci sono molte tentazioni di acquistare cose che sembrano interessanti o piacevoli. Tuttavia, il risparmio è importante per raggiungere i nostri obiettivi finanziari a lungo termine e per avere una maggiore sicurezza economica. Per mantenere alta la motivazione per risparmiare, è importante avere una mentalità positiva, conoscere le proprie ragioni per risparmiare e utilizzare strumenti e strategie che ti aiutino a mantenerti motivato e concentrato sul tuo obiettivo. In questo modo, potrai rimanere motivato e continuare a fare progressi verso i tuoi obiettivi finanziari.

L'essere grati per ciò che si ha rappresenta un valore fondamentale nella vita di ogni individuo. Essere grati non significa solamente riconoscere e apprezzare le cose materiali che si possiedono, ma anche le relazioni interpersonali, le opportunità, le esperienze e le qualità personali. La gratitudine ci consente di riconoscere il valore delle cose che ci circondano e di apprezzarle a pieno, evitando di cadere nella trappola della scontatezza e dell'insoddisfazione.

Una delle conseguenze più evidenti dell'essere grati per ciò che si ha è la riduzione dello stress e dell'ansia. Infatti, quando siamo grati, siamo meno concentrati sui problemi e sulle difficoltà che ci circondano e ci concentriamo invece su ciò che ci fa felici e ciò che ci fa sentire bene. In questo modo, la nostra attenzione è orientata verso le cose positive della vita, e questo ci aiuta a sviluppare una mentalità più positiva e ottimistica.

La gratitudine ha anche un impatto positivo sulle nostre relazioni interpersonali. Quando siamo grati per ciò che gli altri fanno per noi, siamo più inclini a mostrare apprezzamento e riconoscimento, e questo può aumentare la loro motivazione a continuare ad aiutarci. Inoltre, la gratitudine ci rende più empatici e compassionevoli verso gli altri, aumentando la nostra capacità di comprendere e rispettare le loro esigenze e i loro sentimenti.

Essere grati per ciò che si ha ci consente inoltre di sviluppare una maggiore resilienza. Infatti, quando riconosciamo e apprezziamo le cose positive della vita, siamo in grado di affrontare con maggiore serenità e forza d'animo le difficoltà che inevitabilmente si presentano lungo il cammino. In questo modo, la gratitudine ci permette di affrontare le sfide con maggior determinazione e speranza, senza lasciarci abbattere dalla negatività e dalla disperazione.

Infine, la gratitudine ci aiuta a sviluppare un senso di autostima e di fiducia in noi stessi. Quando riconosciamo e apprezziamo le cose positive della nostra vita, riusciamo ad avere una visione più equilibrata e realistica di noi stessi, evitando di concentrarci solo sui nostri difetti e limiti. In questo modo, la gratitudine ci consente di sviluppare una maggiore sicurezza in noi stessi e di affrontare le sfide con maggiore coraggio e determinazione.

In conclusione, l'essere grati per ciò che si ha rappresenta un valore fondamentale nella vita di ogni individuo. La gratitudine ci consente di sviluppare una mentalità positiva e ottimistica, di migliorare le nostre relazioni interpersonali, di aumentare la nostra resilienza e di sviluppare un senso di autostima e fiducia in noi stessi. Per questo motivo, è importante che ci impegniamo a essere grati per ciò che abbiamo, apprezzando ogni momento.

Il risparmio è una pratica finanziaria essenziale per raggiungere i nostri obiettivi a lungo termine, come l'acquisto di una casa, la pensione o un viaggio. Tuttavia, risparmiare non è sempre facile. Ci sono momenti in cui può essere frustrante e può farci sentire privati di qualcosa che desideriamo. In questo paragrafo, esploreremo alcuni modi per gestire la frustrazione e il senso di privazione durante il processo di risparmio.

Innanzitutto, è importante capire che la frustrazione e il senso di privazione sono normali quando si risparmia. Il fatto di rinunciare a qualcosa che si desidera ora in cambio di qualcosa di più grande e importante nel futuro può essere difficile. Tuttavia, è importante mantenere la motivazione e concentrarsi sull'obiettivo finale.

Per far fronte alla frustrazione e al senso di privazione, può essere utile creare un piano di risparmio realistico e fattibile. Un piano ben definito può aiutare a mantenere la motivazione e a prevenire la sensazione di privazione. Ad esempio, è possibile stabilire obiettivi di risparmio settimanali o mensili che siano ragionevoli in base alle proprie finanze. In questo modo, si può evitare di sentirsi frustrati o privati di qualcosa, poiché si è già stabilito un percorso che prevede l'ottenimento di ciò che si desidera.

Inoltre, può essere utile visualizzare l'obiettivo finale e immaginarsi come si sentirà quando lo si raggiungerà. La visualizzazione può aiutare a mantenere la motivazione e ad affrontare la frustrazione e il senso di privazione. Ad esempio, se l'obiettivo finale è di acquistare una casa, si può immaginare come sarà vivere in quella casa e come si sentirà una volta raggiunto l'obiettivo.

Un altro modo per gestire la frustrazione e il senso di privazione durante il processo di risparmio è quello di concentrarsi sulle cose che si possono ancora fare e godere senza spendere troppo. Ad esempio, si può cercare di fare attività gratuite o a basso costo, come fare una passeggiata, guardare un film a casa o cucinare un pasto delizioso. In questo modo, si può evitare di sentirsi privati di qualcosa, poiché si sta ancora godendo la vita in modo diverso.

Infine, può essere utile ricordare che il risparmio può anche essere un'opportunità per sviluppare nuove abitudini e comportamenti finanziari sani. Ad esempio, si può imparare a gestire meglio il proprio budget e ad essere più consapevoli delle spese superflue. Queste abitudini possono essere utili anche una volta raggiunto l'obiettivo di risparmio finale.

In conclusione, il processo di risparmio può essere frustrante e farci sentire privati di qualcosa che desideriamo. Tuttavia, ci sono modi per gestire la frustrazione e il senso di privazione durante questo processo. Creare un piano di risparmio realistico, visualizzare l'obietvo finale, concentrarsi sulle attività che si possono fare senza spendere troppo e sviluppare abitudini finanziarie sane sono solo alcune delle strategie che possono aiutare a superare la frustrazione e il senso di privazione. Inoltre, è importante mantenere la motivazione e concentrarsi sull'obiettivo finale, ricordando che il risparmio può portare a una maggiore sicurezza finanziaria e a un futuro più luminoso. Infine, è importante riconoscere che la pratica del risparmio richiede tempo, pazienza e perseveranza, ma alla fine vale la pena. Con una mentalità positiva e le giuste strategie, è possibile gestire la frustrazione e il senso di privazione durante il processo di risparmio e raggiungere i propri obiettivi finanziari a lungo termine.

Il risparmio è una pratica che richiede costanza e disciplina, ma che porta numerosi vantaggi a lungo termine. Spesso, quando si pensa al risparmio, l'attenzione è rivolta principalmente agli obiettivi finali, come un viaggio o un acquisto importante, ma è importante celebrare anche i successi che si raggiungono lungo il percorso del risparmio.

Il primo successo da festeggiare è sicuramente il primo risparmio effettuato. Quando si inizia a mettere da parte i primi soldi, magari anche solo pochi euro alla volta, si compie un passo importante verso una maggiore stabilità finanziaria. Celebrare questo traguardo può essere il modo giusto per mantenere alta la motivazione e continuare a risparmiare con costanza.

Un altro successo che merita di essere celebrato è il raggiungimento degli obiettivi intermedi. Quando si decide di risparmiare per un obiettivo a lungo termine, può essere utile suddividerlo in traguardi intermedi, in modo da avere piccole vittorie da celebrare lungo il percorso. Ad esempio, se si sta risparmiando per un viaggio, si può fissare come obiettivo intermedio il costo dei biglietti aerei o quello dell'alloggio. Quando si raggiunge uno di questi obiettivi, si può organizzare una cena in famiglia o una serata con gli amici per celebrare insieme il traguardo raggiunto.

Un altro successo importante è il miglioramento delle abitudini di consumo. Risparmiare non significa solo mettere da parte i soldi, ma anche cercare di ridurre le spese superflue e imparare a gestire meglio il proprio denaro. Quando si riesce a ridurre le spese e a fare scelte più oculate, si può celebrare questo traguardo con una serata fuori o con l'acquisto di qualcosa che si desidera da tempo, ma che prima non si poteva permettere.

Un ulteriore successo che merita di essere celebrato è la creazione di un fondo di emergenza. Avere un fondo di emergenza può essere fondamentale per affrontare eventuali imprevisti senza dover ricorrere al debito. Quando si riesce a creare un fondo di emergenza, si può festeggiare questo traguardo organizzando una gita fuori porta o concedendosi qualche giorno di relax.

Infine, un successo da non sottovalutare è la consapevolezza finanziaria acquisita lungo il percorso del risparmio. Imparare a gestire il proprio denaro in modo efficace è una competenza fondamentale per avere una maggiore stabilità finanziaria e per raggiungere gli obiettivi prefissati. Quando si acquisisce una maggiore consapevolezza finanziaria, si può festeggiare questo traguardo organizzando una serata con amici o parenti per condividere i propri successi e scambiare consigli e suggerimenti.

In conclusione, celebrare i successi lungo il percorso del risparmio può essere fondamentale per mantenere alta la motivazione e continuare a risparmiare con costanza. Ognuno di questi traguardi raggiti può essere festeggiato in modo diverso, ma l'importante è riconoscere l'importanza di ogni piccolo passo compiuto verso una maggiore stabilità finanziaria. In questo modo, si può anche evitare di concentrarsi esclusivamente sugli obiettivi finali, che possono sembrare lontani e difficili da raggiungere.

Inoltre, celebrare i successi lungo il percorso del risparmio può essere un modo per coinvolgere anche gli altri membri della famiglia o gli amici. Condividere i propri traguardi e le proprie vittorie con le persone care può essere un modo per ricevere sostegno e incoraggiamento, ma anche per ispirare gli altri a intraprendere un percorso di risparmio simile.

Infine, celebrare i successi del risparmio può anche essere un'occasione per riflettere sulle proprie abitudini di consumo e sulle scelte finanziarie che si fanno. Ad esempio, quando si celebra il raggiungimento di un obiettivo intermedio, si può anche valutare se ci sono ulteriori tagli di spesa che si possono effettuare per raggiungere più rapidamente gli obiettivi successivi. In questo modo, la celebrazione diventa anche un momento di crescita personale e di consapevolezza finanziaria.

In conclusione, celebrare i successi lungo il percorso del risparmio è importante per mantenere alta la motivazione e per riconoscere l'importanza di ogni piccolo passo compiuto verso una maggiore stabilità finanziaria. Ogni traguardo raggiunto può essere festeggiato in modo diverso, ma l'importante è riconoscere l'importanza di ogni piccola vittoria e di condividere i propri successi con le persone care. In questo modo, il risparmio diventa non solo una pratica finanziaria, ma anche un'occasione per crescere e imparare a gestire meglio il proprio denaro.

Riferimenti utili e risorse aggiuntive

Il risparmio è un obiettivo importante per molte persone, ma spesso può sembrare difficile sapere da dove iniziare. Fortunatamente, ci sono molti libri, siti web e strumenti disponibili per aiutare le persone a risparmiare denaro e raggiungere i propri obiettivi finanziari.

Uno dei libri più popolari sul risparmio è "The Total Money Makeover" di Dave Ramsey. Questo libro offre una guida passo-passo su come eliminare il debito, risparmiare denaro e costruire ricchezza a lungo termine. Ramsey offre anche un programma radiofonico e una serie di podcast per i suoi seguaci, che forniscono ulteriori consigli e strategie per il risparmio e la gestione del denaro.

Un altro libro che merita di essere menzionato è "Your Money or Your Life" di Vicki Robin e Joe Dominguez. Questo libro propone un approccio unico al risparmio, che si concentra sull'idea di "comprare la libertà" anziché il semplice accumulo di denaro. Il libro fornisce anche tecniche per la riduzione delle spese e la massimizzazione delle entrate, nonché strategie per creare un bilancio che supporti gli obiettivi finanziari dell'individuo.

Inoltre, ci sono molte risorse online che possono aiutare le persone a risparmiare denaro. Ad esempio, Mint è un sito web e un'app che consente di monitorare le proprie finanze, creare un budget e ricevere avvisi in caso di spese impreviste. Inoltre, il sito web NerdWallet offre recensioni sui conti bancari, carte di credito e altri prodotti finanziari, nonché strumenti per il confronto dei tassi di interesse e la valutazione delle opzioni di investimento.

Un altro sito web utile per il risparmio è Rakuten, precedentemente noto come Ebates. Questo sito web offre cashback per gli acquisti effettuati presso diversi rivenditori online, consentendo agli utenti di guadagnare denaro mentre fanno acquisti. Inoltre, il sito web Honey offre codici promozionali e sconti per gli acquisti online, aiutando gli utenti a risparmiare denaro sulle loro spese.

Infine, ci sono anche strumenti che possono aiutare le persone a risparmiare denaro in modo automatizzato. Ad esempio, Acorns è un'app che arrotonda le spese dell'utente all'importo successivo e investe la differenza in un portafoglio di fondi comuni di investimento. Inoltre, l'app Qapital consente agli utenti di creare obiettivi di risparmio personalizzati e utilizza strategie di "arrotondamento" simili per aiutare gli utenti a raggiungere i propri obiettivi finanziari.

In definitiva, ci sono molte risorse disponibili per aiutare le persone a risparmiare denaro e raggiungere i propri obiettivi finanziari. Dalle guide di libri ai siti web e agli strumenti automatizzati, ci sono molte opzioni tra cui scegliere. Tuttavia, è importante ricordare che il risparmio richiede impegno e disciplina, e che ogni individuo deve trovare le strategie che funzionano meglio per le proprie esigenze e stili di vita. Inoltre, il risparmio non dovrebbe essere visto come un sacrificio, ma piuttosto come un modo per raggiungere gli obiettivi finanziari e migliorare la propria qualità della vita.

Un'importante abitudine da sviluppare per il risparmio è quella di tenere traccia delle proprie spese e creare un budget realistico. Questo può essere fatto con l'aiuto di app e siti web come quelli menzionati in precedenza, ma anche semplicemente tenendo un registro manuale delle spese e delle entrate. Conoscere esattamente dove va il proprio denaro può aiutare a identificare aree in cui è possibile ridurre le spese e risparmiare denaro.

Inoltre, è importante fare acquisti in modo consapevole e astenersi dall'acquisto di oggetti superflui o di cui non si ha bisogno. Ci sono molti trucchetti e strategie per ridurre le spese, come fare la spesa con una lista, cercare prodotti scontati e utilizzare coupon e codici promozionali. Anche piccoli cambiamenti nella propria routine quotidiana, come portare il pranzo al lavoro invece di mangiare fuori o utilizzare il trasporto pubblico invece della propria auto, possono fare la differenza nel lungo termine.

Infine, è importante cercare di aumentare le entrate, se possibile. Questo può essere fatto con un secondo lavoro o una attività di side hustle, come la vendita di oggetti usati online o la consulenza freelance. Anche la creazione di una rete di contatti e il networking possono aprire nuove opportunità di lavoro e di guadagno.

In conclusione, il risparmio è un obiettivo importante per molte persone, ma può sembrare difficile da raggiungere. Fortunatamente, ci sono molte risorse disponibili, dai libri ai siti web e agli strumenti automatizzati, per aiutare le persone a risparmiare denaro e raggiungere i propri obiettivi finanziari. Tuttavia, il risparmio richiede impegno e disciplina, e ogni individuo deve trovare le strategie che funzionano meglio per le proprie esigenze e stili di vita. Con il tempo e la pratica, è possibile sviluppare abitudini sane e durature per il risparmio e la gestione delle proprie finanze.

La gestione del denaro e del risparmio personale è un tema che sta diventando sempre più importante nella vita di tutti i giorni. Fortunatamente, la tecnologia ci ha dato l'opportunità di connetterci con altre persone che condividono gli stessi obiettivi di risparmio, sia online che offline. Ci sono molte comunità online dove le persone possono scambiarsi consigli e suggerimenti su come risparmiare denaro in modo efficace. Queste comunità possono essere trovate sui social media come Facebook, Twitter e Instagram o su piattaforme di discussione come Reddit o Quora.

Ci sono molte ragioni per cui le persone scelgono di unirsi a queste comunità. Alcune persone possono sentirsi sole nella loro lotta per risparmiare denaro e cercano una rete di sostegno. Altre persone possono aver bisogno di motivazione per mantenere le loro abitudini di risparmio. In ogni caso, le comunità online offrono un ambiente in cui le persone possono condividere le loro esperienze e aiutarsi a vicenda a raggiungere i loro obiettivi.

Ma le comunità online non sono l'unica opzione per coloro che cercano di connettersi con altre persone che condividono i loro obiettivi di risparmio. Ci sono anche molte comunità offline dove le persone possono incontrarsi di persona per discutere di argomenti legati al risparmio. Ad esempio, ci sono molti gruppi di supporto per il risparmio che si incontrano regolarmente per scambiarsi consigli e idee. Questi gruppi possono essere trovati in biblioteche locali, chiese, centri comunitari e altri luoghi pubblici.

Inoltre, molte banche e cooperative di credito offrono programmi di educazione finanziaria e workshop su argomenti legati al risparmio e all'investimento. Questi eventi possono essere un'ottima opportunità per incontrare altre persone che condividono gli stessi obiettivi e imparare da esperti del settore. Inoltre, partecipare a questi eventi può essere un'ottima opportunità per fare networking e incontrare altre persone che possono aiutare a raggiungere i propri obiettivi finanziari.

In generale, sia le comunità online che quelle offline offrono un'ampia gamma di vantaggi per coloro che cercano di connettersi con altre persone che condividono i loro obiettivi di risparmio. Le comunità online offrono un ambiente in cui le persone possono condividere le loro esperienze e aiutarsi a vicenda a raggiungere i loro obiettivi. Le comunità offline, d'altra parte, offrono l'opportunità di incontrare di persona altre persone che condividono gli stessi obiettivi e di partecipare a eventi e workshop su argomenti legati al risparmio e all'investimento.

In conclusione, sia le comunità online che quelle offline possono essere un'ottima risorsa per coloro che cercano di raggiungere i loro obiettivi di risparmio. Sia che si scelga di connettersi con altre persone tramite le comunità online o di partecipare ad eventi e workshop offline, è importante ricordare che il successo nel raggiungimento degli obiettivi finanziari richiede tempo, impegno e costanza.

È anche importante essere consapevoli delle informazioni che si condividono online e delle fonti da cui si ottengono consigli finanziari. Prima di seguire i consigli di una persona o di un'organizzazione online, è importante fare le dovute ricerche e verificare la loro affidabilità.

Inoltre, è importante tenere presente che ogni persona ha esigenze finanziarie diverse e che non esiste una soluzione universale per il risparmio e la gestione del denaro. Ciò che funziona per una persona potrebbe non funzionare per un'altra. Pertanto, è importante adattare i consigli e le tecniche di risparmio alle proprie esigenze e alle proprie finanze personali.

Infine, è importante tenere presente che il risparmio non dovrebbe essere l'unico obiettivo finanziario di una persona. È importante anche investire il denaro in modo appropriato per aumentare il proprio patrimonio a lungo termine. A tal fine, può essere utile cercare informazioni su argomenti legati all'investimento e alla gestione del patrimonio.

In sintesi, sia le comunità online che quelle offline possono essere un'ottima risorsa per coloro che cercano di raggiungere i propri obiettivi finanziari. Tuttavia, è importante essere consapevoli delle informazioni che si condividono online, adattare i consigli e le tecniche di risparmio alle proprie esigenze e tenere presente che il risparmio dovrebbe essere solo una parte di una strategia finanziaria completa. Con l'impegno e la costanza, è possibile raggiungere i propri obiettivi finanziari e creare una base solida per il futuro.

Il risparmio è un'attività che richiede costanza, disciplina e una buona pianificazione finanziaria. Se sei alla ricerca di un consulente finanziario o di un coach che possa aiutarti a raggiungere i tuoi obiettivi di risparmio, ci sono diverse cose da considerare.

In primo luogo, è importante capire che cosa ti aspetti dal tuo consulente finanziario o dal tuo coach. Se sei alla ricerca di qualcuno che ti dia una mano a creare un piano finanziario dettagliato, potresti voler cercare un consulente finanziario. Se invece hai bisogno di qualcuno che ti motivi e ti sostenga nel tuo percorso di risparmio, un coach potrebbe essere la scelta giusta.

Una volta che hai deciso quale tipo di professionista cercare, puoi iniziare a fare delle ricerche. Puoi chiedere consigli a parenti, amici o colleghi che hanno già utilizzato i servizi di un consulente finanziario o di un coach. In alternativa, puoi cercare online, utilizzando motori di ricerca o siti specializzati come LinkedIn.

Una volta che hai individuato alcuni professionisti potenziali, è importante fare la dovuta diligence per assicurarti che siano qualificati e affidabili. In particolare, dovresti cercare professionisti che abbiano una buona reputazione nel settore, che siano certificati e che abbiano esperienza nel lavorare con clienti simili a te.

Inoltre, dovresti prendere in considerazione il costo dei servizi offerti dal professionista. Mentre alcuni consulenti finanziari e coach offrono servizi gratuiti o a basso costo, altri potrebbero avere costi elevati. È importante avere un'idea chiara di quanto puoi permetterti di spendere prima di iniziare la ricerca.

Una volta che hai scelto un consulente finanziario o un coach, è importante capire cosa aspettarti dalla relazione professionale. Il tuo professionista dovrebbe essere in grado di fornirti un piano dettagliato per raggiungere i tuoi obiettivi di risparmio e aiutarti a monitorare i progressi. Inoltre, dovrebbe essere disponibile per rispondere alle tue domande e preoccupazioni e per offrirti un supporto costante.

Infine, è importante ricordare che il risparmio è un'attività che richiede costanza e disciplina. Anche con l'aiuto di un consulente finanziario o di un coach, dovrai fare la tua parte per seguire il piano e raggiungere i tuoi obiettivi. Ma con il giusto supporto professionale e una buona dose di motivazione personale, sei sulla buona strada per un futuro finanziario più stabile e sicuro.

CONCLUSIONE

In questo libro abbiamo esplorato molte strategie e tecniche per aiutarti a risparmiare denaro in modo intelligente. Abbiamo visto come risparmiare su spese fisse come le bollette e l'affitto, come adottare abitudini di risparmio quotidiane come cercare le offerte migliori e ridurre gli sprechi, e come utilizzare strumenti di risparmio come conti di risparmio ad alto rendimento e investimenti a basso costo.

Tuttavia, risparmiare denaro non è solo una questione di tecniche e strategie, ma anche di mentalità e atteggiamento. Imparare a gestire le proprie finanze e risparmiare denaro in modo efficace richiede pazienza, disciplina e determinazione. Richiede anche la capacità di rimanere motivati, di superare gli ostacoli e di perseverare nel raggiungimento dei propri obiettivi di risparmio.

Ci auguriamo che questo libro ti abbia fornito le conoscenze e gli strumenti necessari per iniziare il tuo percorso di risparmio in modo intelligente. Ricorda che risparmiare denaro è un'abitudine che può portare a una maggiore sicurezza finanziaria e una vita meno stressante. Ma ricorda anche che il risparmio non deve privarti della gioia di vivere. Cerca sempre di trovare un equilibrio tra risparmiare denaro e godere della vita.

In sintesi, se sei determinato a risparmiare denaro in modo intelligente, adotta le strategie e le tecniche che ti abbiamo presentato in questo libro, sii paziente, disciplinato e mantieni sempre alta la motivazione. Ricorda che il risparmio è una scelta saggia e responsabile, che ti porterà benefici a lungo termine nella tua vita finanziaria.